派遣社員のための

ジャスネットコミュニケーションズ株式会社　著

経理の教室

Please teach me!

税務経理協会

はじめに

あなたは、今、どんな思いで本書を手にとりましたか？

「一般事務派遣の経験を活かして、専門性も時給も高い、経理派遣にトライしたい。」
「産休明けでブランクがあるから、子育てと両立できる派遣社員として経理職に復帰したい。」
「税理士の勉強中。派遣で働きながら勉強時間を確保しつつ、実務も同時並行で学びたい。」

なかには、「派遣で本当にキャリアアップができるの？」という思いの方もいるかもしれません。理由はともかく、今、本書を手にしているということは、経理職という職業に、魅力を感じている人に違いはありません。

しかし、経理職に就くことを望んでいても、多くの人は「経理職のキャリアパス」について習ったことがなく、何から始めたらよいのか迷っている方も多いのではないでしょうか。

そして、これから経理職に就こうとしている方も、いきなり経理部に配属になった方も、まず簿記を学び始めますが、簿記と経理実務の差がわからず四苦八苦することはよくある話です。

私たちジャスネットコミュニケーションズは、創業20年来、延べ2万人を超える経理パーソンのキャリアに向き合ってきました。

私たちの経験から言えることは、**「仕事の魅力を自分の言葉で語ることができるスタッフの成長性は高い」**ということです。そして、その魅力に気付く

きっかけになるのが本書です。

　第1章と第2章では、私たちがこれまでのキャリア指導経験で得た、経理職としてキャリアアップに役立つ情報や転職ノウハウを、初心者向けにできるだけやさしく説明するように心がけました。

　そして、第3章では、簿記の勉強だけではわからない「経理実務」について「経理実務の学校」の名物講師（日本で一番高齢で元気な簿記講師）吉田隆先生にも御協力いただき、図やイラストやコラムでわかりやく伝える工夫をしています。

　本書をお読みいただくことで、一人でも多くの経理派遣志望の方にとってキャリアの参考となれば幸甚です。

目　次

はじめに

第1章　経理で働くにあたって

① 経理の魅力 …………………………………………………… 2
　1　経営に近いところで働ける！
　2　専門性が高くそれを活かすことができる！
　3　働き方を選ぶことができる！

② 派遣会社の上手な活用方法 ………………………………… 4
　1　就職活動のサポート　　2　就業中のサポート
　3　福利厚生の充実

③ 経理派遣のメリット ………………………………………… 6

④ 履歴書の書き方 ……………………………………………… 8

⑤ 職務経歴書の書き方 ………………………………………… 10
　1　構成　　2　フォントの使い分け
　3　5W1Hを基準にしてキャリアを棚卸しする

⑥ 英文レジュメの書き方 ……………………………………… 12

⑦ 自己紹介のポイント、経理の志望動機 …………………… 14
　1　経験してきたこと（過去）　　2　退職理由／転職理由（現在）
　3　志望動機／今後の希望（未来）

⑧ 経理の資格･････････････････････････････16
1 簿記検定　　2 経理・財務スキル検定（FASS検定）
3 国際会計検定（BATIC）

⑨ 経理で役立つパソコンスキル････････････････18
1 Excel　　2 Word　　3 その他のアプリケーションなど

⑩ 会計ソフトについて･････････････････････20

⑪ 経理で役立つビジネススキル･･････････････22
1 事務経験とパソコンスキル　　2 数字を使う仕事
3 コミュニケーションスキル

⑫ 会社の規模と経理の仕事･････････････････24
1 上場／非上場、大会社　　2 連結／被連結　　3 内資／外資

⑬ 会社の業種と経理の仕事･････････････････26
1 小売業　　2 メーカー　　3 不動産業　　4 金融業

⑭ 経理部門の組織･････････････････････････28
1 主計　　2 財務　　3 税務　　4 管理会計

⑮ 会計事務所・税理士法人の経理の仕事･･････30
1 サービスの提供先　　2 会計のプロフェッションとして

雑談コーナー　経理の魅力･････････････････････32

第2章 経理で働き始めたら

① 派遣で働く心構え ・・・・・・・・・・・・・・・・・・・・・・・・・・・・・・・・36
 1 就業前・就業初日の準備   2 就業開始してから
 3 派遣社員としての心構え

② 機密情報の取り扱いについて ・・・・・・・・・・・・・・・・・・・・・38
 1 個人情報とは   2 機密情報

③ オフィスルールの確認 ・・・・・・・・・・・・・・・・・・・・・・・・・・・40

④ 仕事を始めてから1ヶ月経過する頃 ・・・・・・・・・・・・・・・42

⑤ 仕事を始めてから3ヶ月～1年経過する頃 ・・・・・・・・・・44

⑥ キャリアアップに向けて ・・・・・・・・・・・・・・・・・・・・・・・・46

⑦ 困ったときの対応1 ～業務の内容編～ ・・・・・・・・・・・・・48

⑧ 困ったときの対応2 ～人間関係編～ ・・・・・・・・・・・・・・50

⑨ 事例1 SEからキャリアチェンジ！大手メーカーにて就業中のスタッフ ・・・・・・・・・・・・・・・・・・・・・・・・・・・・・・52

⑩ 事例2 "家庭と仕事のバランスを大切に！"週数日で派遣就業しているスタッフ ・・・・・・・・・・・・・・・・・・・・・・・54

⑪ 事例3 外資系企業で派遣から正社員に切り替わったスタッフ ・・・・・・・・・・・・・・・・・・・・・・・・・・・・・・・・・56

⑫ 事例4　一般企業で経理実務経験を積み、初めて税理士法人で派遣就業されているスタッフ･････････58

⑬ 事例5　長期派遣から正社員に切り替わって活躍しているスタッフ･･････････････････････････････60

雑談コーナー　経理の心がまえ･････････････････62

第3章　派遣社員のための経理実務

①-1　売上業務の全体像････････････････････66

①-2　売上業務に関連する書類･･････････････68

①-3　売上の認識････････････････････････70

①-4　売上計上の会計処理（1）････････････72
　1　仕訳　　2　会計処理のタイミング

①-5　売上計上の会計処理（2）････････････74
　3　締切日と決算

①-6　代金の請求････････････････････････76

①-7　売掛金の回収･･････････････････････78

①-8　小切手・手形を受け取った場合の取扱いと注意点････80

②-1　仕入業務の全体像････････････････････82

②-2　仕入計上･･････････････････････････84
　1　仕入の認識　　2　請求書の照合

4

② -3　仕入計上の会計処理 …………………………… 86
② -4　代金の支払（1）………………………………… 88
　1　支払方法
② -5　代金の支払（2）………………………………… 90
　2　支払手形のポイント
② -6　買掛金管理業務 ………………………………… 92
　1　買掛金支払時の会計処理　　2　買掛金の管理
② -7　棚卸資産と在庫管理 …………………………… 94
② -8　月末棚卸時の処理 ……………………………… 96
③ -1　経費とは ………………………………………… 98
③ -2　経費と予算 ……………………………………… 100
③ -3　経費の支払方法 ………………………………… 102
③ -4　会計処理の留意点 ……………………………… 104
　1　正しい勘定科目を決める　　2　税務処理に留意する
③ -5　主要な経費と会計処理（1）…………………… 106
　1　給与関係の処理
③ -6　主要な経費と会計処理（2）…………………… 108
　2　旅費交通費
③ -7　主要な経費と会計処理（3）…………………… 110
　3　交際費
③ -8　資産計上の可能性がある経費 ………………… 112

④-1　現預金に関する経理部門の役割 …………………… 114
④-2　現金管理業務（1）………………………………… 116
　1　現金の種類　　2　現金の管理
④-3　現金管理業務（2）………………………………… 118
　3　会計処理　　4　現金過不足
④-4　預金 ………………………………………………… 120
④-5　銀行振込 …………………………………………… 122
　1　預金の残高管理　　2　会計処理
④-6　小切手 ……………………………………………… 124
④-7　資金繰り …………………………………………… 126
⑤-1　月次決算の概要 …………………………………… 128
⑤-2　月次配賦処理 ……………………………………… 130
⑤-3　勘定締処理 ………………………………………… 132
　1　勘定締処理　　2　勘定明細書作成
⑤-4　整合性確認処理 …………………………………… 134
　1　整合性確認処理　　2　預貯金勘定の整合性確認
　3　マイナス金額の発生による整合性確認
⑤-5　月次試算表 ………………………………………… 136
　1　月次試算表　　2　月次推移試算表　　3　部門別試算表

雑談コーナー　簿記と経理実務 …………………………… 138

おわりに
著者紹介

第1章
経理で働くにあたって

① 経理の魅力

　日本には約 400 万もの法人があります。企業規模、成長ステージ、資本関係などにより企業はさまざまな顔をもっています。企業には販売や製造といった事業部門や、企画、人事、総務などといったバックアップ部門などがあり、その一つひとつに役割があります。企業で働くと「経理知識が不要な仕事はない」ということに気づかされます。本章では、経理知識を身につけ、経理の魅力に惹かれた経理パーソンが思う「経理の魅力」をご紹介いたします。

❶ 経営に近いところで働ける！

　新人経理パーソンの日常は、請求や入出金などの伝票の起票やファイリングなどのルーチンワークが中心です。ミスなく時間内に数字を締めることができた、あの達成感、爽快感は新人経理パーソンであれば誰でも経験するものではないでしょうか？　その経験を積み重ねながら、経理パーソンは事業部の視点だけではなく、全社の視点を身につけていきます。「いつか、社長の右腕として働きたい。」この決意こそが経理パーソンの成長を早めるきっかけになります。

❷ 専門性が高くそれを活かすことができる！

　一般事務など、他の職種の派遣と比較して、経理派遣の時給は高い傾向があります。また、50～60代で活躍している経理派遣スタッフも珍しくありません。このことからも、経理職が高い専門知識をもった職種であるといえます。そして、経理・財務業務は機械化、分業化、専門化が進んでおり、企業が求める業務内容がわかりやすいことも魅力です。

第1章　経理で働くにあたって

❸ 働き方を選ぶことができる！

　経理部はその企業の繁忙期や業務内容によってさまざまなタイプの求人が発生します。たとえば、経理業務の効率化のために週数日や時短勤務、月末・月初限定の勤務といったユニークな求人が数多くあります。経理部内で、正社員、パート、派遣社員などさまざまな雇用形態の方がそれぞれの役割を担いながら働いているのはそのためです。子育て中の主婦や、難関資格を目指しながら派遣で働く男性も珍しくなく、自分の生活スタイルにあわせて、気に入った働き方が選べることが経理の仕事の魅力の一つです。

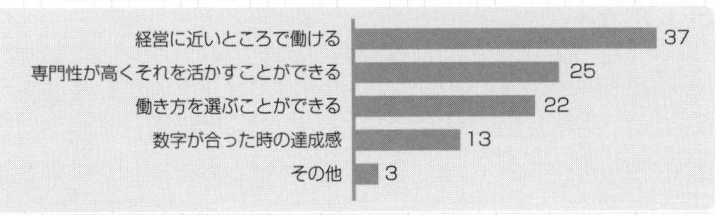

経理パーソン100名に聞きました！

「経理の魅力はなんですか？」

項目	人数
経営に近いところで働ける	37
専門性が高くそれを活かすことができる	25
働き方を選ぶことができる	22
数字が合った時の達成感	13
その他	3

これから経理職を目指す方への応援メッセージ抜粋

- 常に自分が経営者になったつもりで会社の数字を扱うことでものの見方は随分違ってきます。地味な仕事ではありますが、常に前向き思考で取組みスキルアップを目指すことで日々の成長を実感できる魅力的な仕事ですので、誇りをもって臨んで欲しいと思います。
- 経理の業務は幅広く奥深い仕事だと思います。会社によって任させる部分も全く異なります。経理パーソンとしてどういう道を進みたいのか、自分の考えをもったうえで働く会社を見つけたらいいと思います。
- どんな業界でも通用する仕事です。結婚、子育て後も働けると目指しましたが、10年子育て後にちゃんと就職できました。頑張って続けてください！
- 神経を使う仕事ですが、若い時期にしっかり基礎学習することで、30年近く十分食べていけるだけ稼げました。会計・税務とも消滅することはないと思いますので、働くことを通じて自信をもっていただければと思います。

メールマガジン「経理の薬」読者調べ　2015年2月調査より
http://www.jusnet.co.jp/kusuri/

② 派遣会社の上手な活用方法

「派遣」という働き方が広く知られるようになって久しいですが、派遣について「なんとなくイメージをもっている」という方も多いのではないでしょうか。本章では、初めて派遣で働く方も、今まで派遣で働いたことがある方も、「派遣」という働き方をより良く活用する方法についてお話していきます。

❶ 就職活動のサポート

　派遣会社は、仕事の紹介だけでなく、就職活動を一貫してサポートしてくれます。不安なことはとにかく遠慮せずに相談することです。また、こまめに連絡を取ることもポイントです。就職活動の状況や、希望条件、退職時期など変更点はすぐに更新し、仕事の案内がされやすい状況を作りましょう。

❷ 就業中のサポート

　派遣会社は仕事が始まってからも、定期的に派遣先へフォローにきてくれるので安心です。業務上で悩みがあったときは、すぐに相談しましょう。自分では派遣先に直接言いにくいことも、派遣会社が間に入って交渉してくれます。

❸ 福利厚生の充実

　「派遣は社会保険に入れない」と誤解している方もいるようですが、そんなことはありません。保険加入できますし、有給休暇ももらえます。
　また、昨今、派遣スタッフを対象にした教育研修に力を入れている派遣会社が増えてきています。無料で受講できるパソコン講座や実務講座はぜひ活用してスキルアップに役立てましょう。

派遣就業前のサポート

■ 求人内容の情報収集に活用
- ➡ 就業先の組織構成や人間関係、業績など
  細かい業務内容、繁忙期、残業時間
  将来的な業務の発展性、正社員への切り替え可能性など
- ➡ 場合によっては、希望条件にあうように就業条件の交渉ができることもあります！（勤務日数、勤務時間など）

■ 就職活動全般
- ➡ 履歴書の書き方、職務経歴書の書き方
  応募先にあった職場見学、面接対策、ビジネスマナー
  生涯キャリア設計

派遣就業中のサポート

■ 就業上のトラブル
- ➡ 業務内容が契約と異なる、残業が多すぎる、職場の人間関係など…中立的な立場で相談に乗ります。

福利厚生的なサポート

■ 社会保険（健康保険・厚生年金・雇用保険）の加入（※雇用条件による）
■ 有給休暇の取得
■ 無料で受講できる教育研修講座の充実、資格報奨金制度など

派遣就業後のサポート

■ 次の仕事の紹介
- ➡ 就業実績が評価され、次の派遣先への推薦がされやすくなります。

③ 経理派遣のメリット

　本章では、派遣社員として経理の仕事をするうえで、どのようなメリットがあるのかということをもう少し掘り下げてお話していきたいと思います。

メリット①：就業開始までのスピード

　派遣では一般的にいえることですが、正社員に比べると、仕事を探し始めてから、就業を開始するまでのスピードが早いということがあげられます。理由は、「正社員採用のような選考の手続きがない」ということ。就業前に顔合わせをしてから業務が始まることがほとんどですが、登録したその日から働き始めるというケースがあるほど、スピーディーに仕事を始めることができます。

メリット②：未経験でも経験しやすい業務内容

　派遣という雇用形態の特徴のひとつとして、「業務は指揮命令者の指示のもとで行う」というものがあります。業務内容は契約上でも具体的に細かく記されるので、指揮命令が明確です。特に経理は一般事務などに比べて、業務内容を共通言語で認識できるので、業務の指示を明確にしやすく、ミスマッチが起こりにくいともいえます。何をすべきかがはっきりしているので、実は初心者でも働きやすい環境なのです。

メリット③：勤務時間などの雇用条件

　経理は業務量や繁忙期が比較的わかりやすいという性質上、週数日や時短勤務での求人も多くみられます。また、スケジュールの見通しがつきやすいこともあり、資格の勉強や子育てなど、プライベートとの両立ができるというのも大きなメリットです。

雇用形態別　働き方の特徴を比較

	派遣	正社員
就業開始まで	すぐに働き始めることができる（最短で登録した日から働くことも）。	選考に時間がかかる（書類選考〜複数回の面接〜入社手続きで2、3ヶ月くらい）。
経理未経験者	派遣で未経験者の募集をしている場合は、他の社員のサポートとして、未経験でも対応できる業務を切り出しているので、最初の経験として入りやすい。	基本的には経験重視での採用が多い。組織体制に余裕がある会社であれば未経験者を採用することもあるので、その場合の引継ぎなどは手厚い。
業務内容	指揮命令がはっきりしていて、業務内容が明確。反面、業務は限定的ともいえるので、契約期間内に業務内容が広がる可能性は低い。	業務が限定的でないことが多い。予期しないジョブローテーションや人事異動の可能性もある。
キャリアアップ	契約更新時に業務内容を見直しながらステップアップすることは可能。また、別の就業先で違う経験を積むなど、短期間でキャリアプランを立てることもできる。	長期的には専門性の追求のほか、マネジメントの経験などを積んでいける可能性がある。会社によっては、業務が固定されている場合もある。
雇用条件	契約によっては残業なしや時短勤務での就業も可能。	繁忙期の残業は避けられないことが多い。

　派遣と正社員、それぞれのメリットをよく理解してキャリアプランの参考にしましょう。

④ 履歴書の書き方

　履歴書や職務経歴書など応募書類の作成は、就職活動を始めたら一番はじめに準備すべきことの一つです。派遣会社に登録する際にも必要になることが多くなります。「応募したい求人が見つかってから履歴書を書こう」と後回しにしておくと、求人へ応募するタイミングを逃してしまうこともあるので、早めに作成しておきましょう。

　すべての応募書類に共通していえるのは、読み手の立場に立って書くことです。応募書類を読む人は、人事の担当者や面接官、最終面接をする社長など…忙しい人が多いはずです。そんな忙しい人たちに伝えたいことを簡潔に、そして自分の印象を鮮明に残すような書類であることが絶対条件です。

履歴書の書き方のポイント

- 書式は JIS 規格のものを使いましょう
  手書きではなく、Word で作成するのが一般的になりつつあります。

- なるべくシンプルに
  学歴は「高校卒業」から書けば OK。職歴の中に所属部署や異動歴などは不要です。

- 年号は西暦で統一
  履歴書を含め、すべての応募書類において西暦に統一した方がすっきりとします。

- 「特技・趣味」の欄は意外と重要！
  仕事以外での人柄を判断できるポイントです。思いがけず面接官と共通点などがあれば、面接がスムーズになることも。

数千人の履歴書を見てきたエージェントが斬る！

■ こんな履歴書はNG！

①写真は証明写真を使用し、丁寧に貼りましょう！ 写真の切り方が曲がっていたり、貼り方がずれていたりすると好感度が下がってしまいます
②学歴を書きすぎです
③職歴に細かい異動歴などは不要です。転職が多いような印象を与えてしまいます
④なるべくシンプルに書きましょう
⑤勉強中の資格は履歴書には書かないで職務経歴書に書きましょう
⑥もう一言、掘り下げて欲しい。面接官が触れ易いように好きなジャンルなどを入れてみては？
⑦具体的な希望条件などは面接などで交渉することになるので、応募書類には書かないほうが無難です

■ その他、NG！なコメント

- 手書きで書いて、間違えた部分を修正液で消していた
- 提出日の部分を消しただけで、明らかに使いまわしているとわかってしまう
- 面接に来てびっくり！履歴書の写真が古すぎて同一人物と思えない
- 履歴書の写真がかなりカジュアルな服だとあまり印象が良くありません
- 履歴書の資格の欄に、「日商簿記3級勉強中」。アピールしたい気持ちはわかりますが、勉強中の資格は、履歴書ではなく職務経歴書に書きましょう
- 職歴詐称は犯罪です！嘘は書かないでください

⑤ 職務経歴書の書き方

履歴書とセットで準備しなければならないのが職務経歴書です。応募書類の中で、一番重要なのは職務経歴書である、といっても過言ではありません。職務経歴書は履歴書と違って基本的に形式は自由ですが、読んでもらえる職務経歴書には作成のコツがあります。そのポイントをみていきましょう。

❶ 構成

必要な項目は5つ。「職務の概要」「自己PR」「職務経歴」「免許・資格」「PCスキル」です。冒頭に「職務の概要」と「自己PR」をもってくることで、あなたがどんな方なのかという第一印象を残すことができます。

❷ フォントの使い分け

基本的には明朝体を使います。視覚的に読みやすくするため、タイトルはゴシック体で太字を使う／本文は明朝体で細字など、少し強弱をつけてみましょう。ただし、図形や飾りを使わずに、あくまでもシンプルに。

❸ 5W1Hを基準にしてキャリアを棚卸しする

What（何を／業務内容）
When（いつ／在籍期間・経験年数）
Where（どこで／経験した会社の規模や業界、日系大手・外資系企業など）
Whom（誰に／サービス対象）
Why（なぜ／転職を希望している理由や退職理由）
How（業務量／伝票の量や取引先の数など）

まずは箇条書きで書き出し、これを元に職務経歴の部分を作成します。定期的にメモを作っておくと、職務経歴書を更新するときに便利です。

第1章 経理で働くにあたって

数千人の職務経歴書を見てきたエージェントが斬る！

■ こんな職務経歴書が理想的！

タイトル：
明朝体　20ポイント

職　務　経　歴　書

氏名：明朝体　12ポイント
フリガナ：明朝体　9ポイント

2015年1月19日

項目タイトル：
ゴシック体　12ポイント　太字

氏名　●●　●●　（○○　○○○）
住所　〒150-0002　東京都渋谷区＊＊＊＊＊＊＊

[職務の概要]
　2009年3月、××大学を卒業後、…を行う会社へ新卒で入社し、主に……業務に従事してきました。
　2年の経験を経て、△△部に異動し、…を中心とした業務にも従事してきました。
　2014年には日商簿記3級の資格を取得しております。

本文：明朝体　10.5ポイント
※ですます調の文章。資格取得時期や職歴（業界や在籍期間）について時系列で書きます。

[職務経歴]

| 会社名：ジャスネットコミュニケーションズ株式会社　（2009年4月～現在） |
| 事業内容：経理・会計に特化した人材紹介、人材派遣、教育事業 |
| 資本金：38,000,000円　所在地：千代田区　社員数：48名　雇用形態：正社員 |

2009年4月～2011年3月
・小口現金管理
・受注出荷事務
・請求書発行業務

[免許・資格]
　2014年11月　日商簿記3級
　　※現在、日商簿記2級取得に向けて勉強中。2015年6月に受験予定。

[英語スキル]
　ビジネスレベル（読み、書き、会話）

[PCスキル]
・Word　文書作成、差し込み印刷等
・Excel　四則演算、表・グラフ作成、VLOOKUPなどの基本的な関数、pivot等
・Access　フォームへの入力
・Power point　文書作成、アニメーション設定等

以上

11

⑥ 英文レジュメの書き方

　応募書類が履歴書と職務経歴書の2種類に分かれているのは日本特有の文化で、海外では履歴書と職務経歴書をあわせてひとつにしたような内容のレジュメを提出するのが一般的です。ただし、日本で英文レジュメを提出する場合、日本語の分からない外国人面接官のために用意するということが多いので、結局は履歴書・職務経歴書・英文レジュメの三点セットで提出することになるでしょう。

　レジュメは日本の職務経歴書と似ていますが、必ずしも、日本語の職務経歴書をすべて英訳する必要はありません。全体の構成と内容は右ページの図をご覧ください。それ以外のポイントは3つです。

❶ 字体

　「Times New Roman」というフォントを使うことをおすすめします。ゴシック体だと少々カジュアルな印象ですが、「Times New Roman」は新聞のために作られたフォントということもあり、格調高い印象になります。また、フォントそのものが比較的小さめなので、項目名は13〜16ポイント、本文は12ポイントがちょうど良いでしょう。

❷ 箇条書きが鉄則

　"I am" "I was" などの主語を入れた文章ではなく、箇条書きで書きます。文章ではないので、ピリオドも必要ありません。できるだけ読みやすいようにシンプルに書きましょう。

❸ 新しいことから書く

　職歴や取得した資格など、直近の出来事から書くことが大事です。

英文レジュメの構成と内容

OBJECTIVE	その求人に申し込んだ動機や就職活動の目的、またどんな仕事をしたいのかを書きます。
SUMMARY	とても大事な項目です！何の経験を何年くらいしてきたのか、また自己PRなどを箇条書きで書きましょう。
QUALIFICATION	免許・資格の欄です。語学についてもこの欄に書きます。 Ex) Bookkeeping Second grade（日商簿記2級） Certified Public Accountant in Japan（公認会計士） Certified Public Tax Accountant in Japan（税理士）
PROFESSIONAL EXPERIENCE	職歴の欄です。新しいものから書きましょう。
EDUCATION	学歴の欄です。
LANGUAGE	語学の欄です。 Ex) Japanese: Native English: Advanced level （Reading, Writing, Speaking&Listening）
COMPUTER SKILLS	パソコンスキルです。
PERSONAL DATA	外国では書かないのですが、日本の外資系企業はあくまでも日本の会社なので書いておくと無難です。 Ex) Gender　　　　： Male / Female Date of Birth　： March 20, 1986 Age　　　　　： 28 Marital Status　： Single / Married / Married with one kid Health　　　　： Excellent

⑦ 自己紹介のポイント、経理の志望動機

正社員の採用面接以外でも、就職活動中はいろいろなシーンで自己紹介（自分の経歴の説明）を求められることがあります。派遣での就業を希望している場合でも、派遣会社の登録面談や、派遣先への職場見学（顔合わせ）などで自己紹介をすることがあります。

突然「自己紹介してください」と言われたときにも、慌てず簡潔に答えられるように事前に準備しておきましょう。

❶ 経験してきたこと（過去）

前述の「職務経歴書の書き方」にもありますが、まずは5W1Hを基本にして、自分のキャリアをまとめておきます。職務経歴書の冒頭「職務の要約」に記載するような内容を簡潔にお話できればOKです。暗記した文章の棒読みにならないように、声に出して練習しましょう。

❷ 退職理由／転職理由（現在）

退職理由は冒頭の自己紹介で細かくお話しなくてもよい内容ですが、必ず聞かれるポイントなので事前に準備しておきましょう。前向きな退職理由ではない場合にも、できるだけポジティブな表現にして伝えます。ただし、やむを得ない事由などはお伝えできる範囲で事実を述べても差し支えありません（家族の介護など）。

❸ 志望動機／今後の希望（未来）

「なぜ経理の仕事をしたいのか」「なぜこの会社／事務所で働きたいのか」を必ず組み合わせます。そのための企業研究は欠かせません。「エージェントに紹介された求人だから」という回答は絶対に避けましょう。

面接や顔合わせ前のチェックリスト

- ☑ 職務内容の棚卸しをしたか
- ☑ 職務の要約はまとまっているか
- ☑ 退職理由はポジティブな表現で伝えられるか
- ☑ 経理を志した理由、きっかけを話せるか
- ☑ 自分の長所・短所を話せるか
  「自分以外の人からどのような人と言われますか」などの変化球もあります。
- ☑ 求人の企業(事務所)研究をしたか
  ホームページはもちろん、IR 等にも目を通し、業界内のシェア率や最新ニュースなどもチェックしておきましょう。
- ☑ その企業／事務所を希望する理由は明確か
  業界や会社の規模、組織の体制、業務の内容

■ 面接での失敗例

「御社で即戦力になれます」
→ 前後の文脈にもよりますが、即戦力になれると言い切ってしまうのは NG。「貢献できるように努めます」などのほうが、好印象です。

Point

過去の経験や実績には自信をもち、将来については謙虚な姿勢で臨みましょう。

⑧ 経理の資格

「経理の仕事に就きたい！」と思ったとき、資格をとろうと考える方は多いのではないでしょうか。この章では、経理職に関する代表的な資格を紹介していきます。

❶ 簿記検定

簿記検定には日本商工会議所主催の「日商簿記検定試験」と、全国経理教育協会主催の「全経簿記能力検定試験」があります。会計系では最もメジャーな資格といえます。

日商3級：経理の共通言語ともいえる資格。勉強することで、経理職として最低限の知識を取得することができる。

日商2級：2級レベルの仕訳ができると、経理として日常の仕訳には困らない知識を身につけることができる。

日商1級：公認会計士、税理士などへの登竜門。スペシャリストを目指す人がステップアップとして受験することが多い。

❷ 経理・財務スキル検定（FASS検定）

日本CFO協会が主催する経理・財務の実務能力を測る検定試験。経済産業省事業にて開発された「経理・財務サービススキルスタンダード」をベースに開発された検定試験です。獲得した点数によってレベルE〜Aの5段階で評価されます。

❸ 国際会計検定（BATIC）

日本商工会議所主催の英文簿記・国際会計理論の検定試験。獲得した点数によって4段階のレベルに分けて評価されます。U.S.CPA試験へのステップとしても良い資格とされています。

経理に関するいろいろな資格

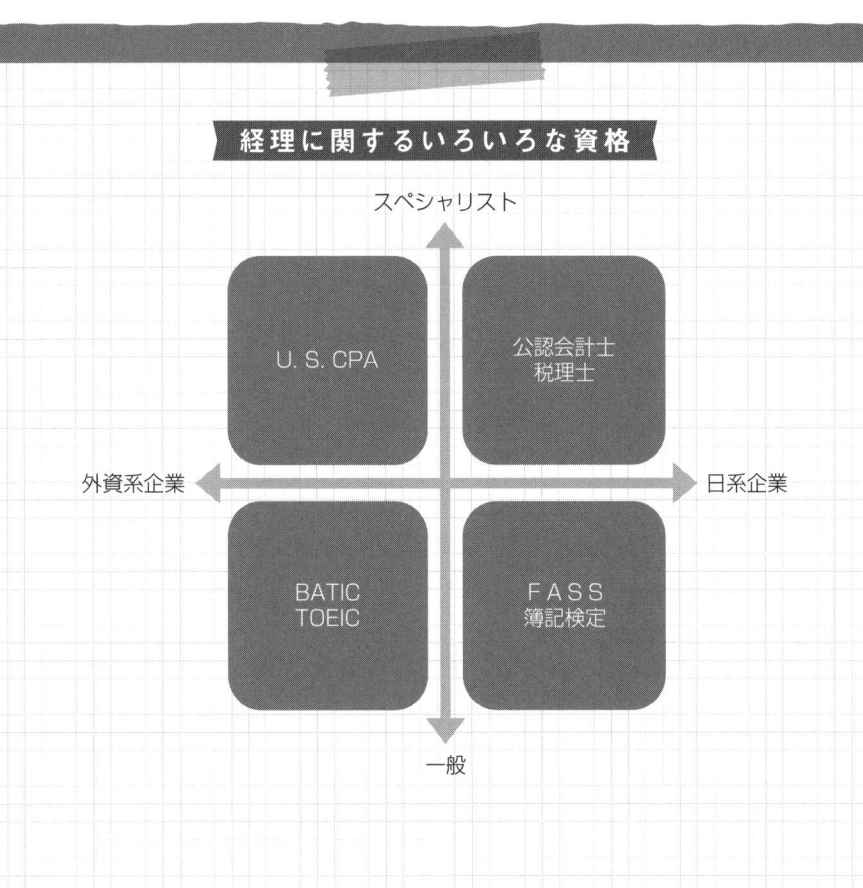

```
              スペシャリスト
                  ↑
    ┌─────────┬─────────┐
    │         │         │
    │ U.S.CPA │ 公認会計士 │
    │         │  税理士   │
    │         │         │
外資系企業 ──────┼──────→ 日系企業
    │         │         │
    │  BATIC  │  FASS   │
    │  TOEIC  │ 簿記検定  │
    │         │         │
    └─────────┴─────────┘
                  ↓
                 一般
```

■ まとめ

　資格がないと経理の仕事ができないというわけではありませんが、自分自身の業務レベルを上げるためには、知識レベルを上げていくことが必要です。経理業務が未経験の方であれば、基礎知識があることの目安になります。

　また、資格の勉強をすることで、実際に経理実務において「なぜこの処理をするのか」ということを理解する助けにもなり、仕事がより面白く感じられるでしょう。

　自分のレベルに合った資格取得に向けて勉強してみることをおすすめします。

⑨ 経理で役立つパソコンスキル

経理職に必要な資格が「簿記」なら、他に身につけておくべきスキルは「パソコンスキル」です。パソコンスキルと一言でいっても、さまざまなスキルがありますが、具体的に役立つパソコンスキルについてご紹介していきます。

❶ Excel

経理職なら必ず身につけておきたいスキル。使用頻度も多く、幅広い機能を活用することができます。具体的な機能は右ページを参考にしてください。

❷ Word

経理以外でも事務職なら必須の文書作成ソフト。表計算は Excel、文書作成は Word と使い分けている会社も多いです。

❸ その他のアプリケーションなど

経理に限らず、会社で働いているとパソコンは欠かせません。たとえばこんな経験も経理に役立つ場合があります。

- 販売管理ソフト／Access など：取引先の顧客情報や売上管理、請求書発行などに活用している会社も多くあります。
- Power Point：プレゼンテーションなど業務内容問わず活用されています。

具体的なソフトの使用経験はもちろんですが、「ブラインドタッチ」や「電子メールのソフトを使ったビジネスメールの送受信」など、基本的な IT リテラシーは身につけておきましょう！どの経験も経理職として無駄になることはありません。逆に、システムエンジニアなど高度な IT スキルがある方は、その点を自己 PR とすることもできます。

Excelと経理実務

関数の種類	特　徴	実務で役立つシーン
基本関数 （四則演算など）	合計や掛け算・割り算などの演算ができる	表計算のいたるところで活用できる
IF関数	条件を判断して処理結果を変えることができる	入金確認・消込をするための「商品売上台帳」の作成など
VLOOKUP関数	検索条件に一致するデータを取り出すことができる	仕入の管理をする「商品注文台帳」の作成など
ROUND系関数	計算結果を四捨五入や切捨て・切り上げして指定した桁で数値を返すことができる	割引価格の計算や、消費税の計算などに活用
SUMIF・SUMIFS関数	条件にあった項目のデータの合計を集計することができる	勘定科目ごとの集計や部署ごとの売上集計などに活用
COUNT系関数	データの数値や文字などのセルの数を数えることができる	売掛金の消し込みで使用する入金台帳などに活用 データ分析の一つとしても活用できる
ピボットテーブル	データベース形式の表をさまざまな角度から集計する場合、計算式を入力せずに集計表を作成することができる	さまざまな帳票にわけて集計する場合のデータ集計や分析に活用
グラフ	折れ線グラフや棒グラフ、円グラフなど	売上や利益の推移などの報告資料として活用 財務会計よりも管理会計の分野で活用することが多い

Point

関数の演算式や機能の使い方を知っているというだけでなく、「どんなときにどの機能を使うと作業が効率的になるのか」という発想が大切です！

Point

会計ソフトとExcelを併用している会社もたくさんあります。例えば、Excelで日々の入出金を記録しておいて、CSVファイルに変換し、会計ソフトにインポートする（取り込む）ことで、一気に仕訳処理を行う、というような便利な使い方もあります。

⑩ 会計ソフトについて

　従前は手書きで処理をしてきた経理業務も、パソコンの普及に伴い、近年では「会計ソフト」を使用している会社や事務所が多くなっています。WordやExcelなどのソフトによって、一般事務をはじめとした世の中のデスクワークが効率的になったのと同様に、会計ソフトの登場によって、経理業務の作業効率がアップしたことは間違いありません。

会計ソフト導入のメリット

　会計ソフト導入のメリットとしては、一つひとつの仕訳を紙に転記する手間や、試算表を手書きで作成する手間が省けたことがあげられるでしょう。また、税法の改正などにもソフトのバージョンアップなどで対応しているということも実務では非常に助けになります。

　このように、会計ソフトは経理実務でかかせないものとなっているため、求人情報の応募条件に、会計ソフトの経験を記載しているものも多く見られます。この「会計ソフトの経験」は経理未経験の方々を悩ませていることのひとつではないでしょうか。

　しかし、そんなに臆することはないのです。昨今の会計ソフトには、初心者でも仕訳処理が簡単にできるような機能が充実しています。また、それぞれの会計ソフトの操作性はさほど変わらないので、一つの会計ソフトを経験すれば、他の会計ソフトの操作も慣れやすくなります。ここではそれらの特徴を右ページの図で簡単にご紹介します。

　なにはともあれ、「案ずるよりも産むが易し」。実際に使ってみて慣れていくものなので、あまり心配せずにチャレンジしてみましょう。

代表的な会計ソフトの例

中堅中小企業向け	弥生会計 勘定奉行 PCA ミロク 会計王　など
大企業向け	SAP ORACLE OBIC 自社開発ソフト　など
会計事務所向け	TKC JDL　など
その他	DIVA…連結決算用ソフト 魔法陣…税務申告書作成ソフト など

ERPソフトとは？

　ERPとは、Enterprise Resource Planningの略。ORACLEやSAPなどのいわゆる情報システムの一種を指すという認識の方も多いと思いますが、そもそもは経営概念のことを指す言葉です。情報システムのマスターが統合されて、業務フローが繋がり、経営を支えるのに必要なデータ（経理・財務データや人事給与データ、販売管理データなど）を全部パッケージングしたものを「ERPパッケージ」と呼びます。

　海外展開している日系の大手企業や、海外に親会社がある外資系企業で多く導入されています。

⑪ 経理で役立つビジネススキル

　経理職は、事務職の中でも専門性の高い仕事といわれています。その専門性ゆえに、採用の際に経理の実務経験を求められることも少なくありません。

　しかし、実は経理職で活かせる経理以外の経験も、たくさんあるのです。経理業務が未経験だったとしても、アピールできる要素になりますので、過去にどのような経験をしてきたのか、今一度、棚卸しをしてみましょう。

　また、業務経験の棚卸し作業は、職務経歴書に業務内容を記載する際や、自己紹介の際にも活用できます。以下のポイントも参考にしてみてください。

❶ 事務経験とパソコンスキル

　前述の「経理で役立つパソコンスキル」でも記しましたが、事務職の経験がある方や、SE・プログラマーなどの経験がある方はExcelをはじめとしたパソコンスキルが武器になります。具体的な機能の使用経験を話せるようにしておきましょう。

❷ 数字を使う仕事

　営業事務や金融事務の経験がある方は、日常的に数字を扱う業務に携わっている方が多いかと思います。当然のことながら、経理も日常的に数字を扱う業務なので、大きな桁数の数字に馴染みがあることはもちろん、テンキーの使用経験なども経理に活かすことができます。

❸ コミュニケーションスキル

　すべての職種に通じるコミュニケーションスキル。経理は黙々と数字を打ち込むようなイメージもあるかもしれませんが、意外と他部署や社外の方との対応が多い仕事です。接客や営業の経験から活かせるポイントになります。

経理以外の職種で経理職に活かせるポイント

職　種	業務内容（例）	経理に活かせるポイントや素養（例）
営業事務	・請求書発行 ・売上管理／売上報告書作成 ・商品の受発注・管理	・請求書発行や入金処理などは経理で行っている会社もあるので、そのまま実務経験になりえます。 ・見積書／納品書／請求書などの伝票類は経理業務にも通じるので、扱った経験は経理にも活かせます。 ・入金管理などは経理業務でいう"消し込み"の仕事に通じるところがあります。
購買管理	・発注書の発行 ・請求書の受領（買掛金管理）	
金融事務 銀行や信用金庫	・銀行書類（伝票）のチェック、ファイリング ・窓口や後方での入出金業務	
金融事務 保険会社など	・給付金請求書発行、保険料の入金処理	
一般事務	・ExcelやWordを使用した資料作成	・事務能力 ・ITスキルの高さ
SE	・システム設計／開発 ・プロジェクト管理 ・見積書／請求書の作成 ・クライアントとの折衝	・ITスキルの高さ ・情報収集力や分析力、計数能力 ・事務能力 ・コミュニケーション能力
営業	・見積書／請求書の作成 ・クライアントとの折衝	・事務能力 ・コミュニケーション能力
接客・販売	・店舗での現金管理 ・本社への売上報告	・現金の取り扱いでの正確性などは小口現金管理の仕事にもつながります。

　上記はあくまでも一例なので、ご自身の職務経験の中で、経理職に活かせるポイントがあるか、いろいろな角度で考えてみましょう。

⑫ 会社の規模と経理の仕事

どんな会社の経理業務も、「簿記」という共通ルールの上に成り立っていますが、実は会社の規模や業界によって、実際に行われる実務内容は異なります。職務経歴書の職務経歴欄に会社情報として勤め先の「事業内容」「資本金額」「従業員数」を記載するのは、それによって異なる業務内容の違いを把握するため、という理由もあります。

経験の浅いうちは、会社の規模や業界で仕事を選ぶわけにはいかないかもしれませんが、将来的なキャリア設計の参考にしてみてください。

❶ 上場／非上場、大会社

上場企業には財務情報の公開義務があるという点が一番大きなポイントです。いわゆる「有価証券報告書」などの外部開示資料を作成する必要があります。また、上場企業や大企業、及びその関連会社は内部統制の実施義務があるため、内部統制の業務プロセスに則して業務が行われます。

❷ 連結／被連結

連結子会社をもっている場合は、「連結決算業務」が発生します。逆に親会社があり、連結されている子会社側の場合は「親会社への決算報告業務」が発生します。

❸ 内資／外資

国内の資本なのか、それとも海外に親会社があり、その日本法人なのかという資本の違いも大きなポイントです。業務内容ももちろんですが、企業文化にも影響してきます。また、国内の会社であっても海外子会社があるなどグローバル展開している会社では語学力を求められることもあります。

会社規模による違い

	特　徴
上場	・売上高、取引件数、従業員数などさまざまな要素で規模が大きいため、経理部門の業務が組織で分業されていることが多い。（29ページ「⑭経理部門の組織」参照） ・グループ内にシェアードサービス会社（間接部門を集約した会社）をもつ企業もある。 ・決算短信・有価証券報告書の作成、提出 ・内部統制の実施
上場子会社・関連会社	・親会社への決算報告業務 ・内部統制の実施
中小企業	・規模によっては経理／総務人事などの管理部門を一部署、または一人で対応しているところもある。 ・税務などは会計事務所にアウトソースしていることが多い。 ・資金調達／資金繰りなど財務業務も重要。

資本による違い

	特　徴
外資系	・海外の親会社への決算報告と日本国内での税務申告用の決算という2つのベクトルで業務をすることになる。 ・英語を中心に、語学力が問われる。（英文表記の会計ソフトや英語でのメールのやりとり、本国とのテレビ会議など）

　外資系といっても、アメリカ系／ヨーロッパ系／アジア系など、親会社のお国柄によって社風も変わるようです。

⑬ 会社の業種と経理の仕事

　前章では、会社の規模によって経理業務の特徴が異なるというお話をしましたが、業種による違いとは、どのようなものがあるのでしょうか。

　さまざまな経験を積んでいく中で、ご自身の志向性にあった業界を選ぶ参考にしてみてください。

❶ 小売業

　簿記で習う「物を仕入れて売る」という流れは、小売業の経理が一番近いです。物を仕入れるということは、「在庫をもつ」ということでもあるので、買掛金管理が重要です。また、支払業務も煩雑な面があります。

❷ 製造業

　小売業と違って、製造にかかるコスト管理＝原価計算という業務が発生します。製品別・部門別・工程別など、さまざまな角度から原価計算し、予算との差額の計算など分析的な業務（原価管理）を行います。

❸ 不動産業

　家やマンションなどの大きなものを扱うため、会計年度を越えて原価計算処理が行われます。この点では、長期プロジェクトの多いIT業界や、研究から製品化まで時間のかかる製品を扱うメーカーにも同じことがいえます。

❹ 金融業

　お金が商品（在庫）のため、他の業界との違いが大きいです。他人のお金を預かるという立場なので、管理や経営に対して非常に厳しいという特徴もあります（自己資本比率規制、金融庁の監査など）。

第1章 経理で働くにあたって

会計要素別　業界地図

↑ モノ作り

製造業的要素
- 製造（小さな製品）
  →精密機械、OA、電子部品、食品、医薬品、化粧品、繊維など

不動産業的要素
- 建設、住宅
- 情報、通信
- コンサルティング
  →情報処理サービス、シンクタンク、コンサルティングなど
- 製造（大きな製品）
  →自動車、造船、重機、鉄鋼など

← 在庫あり　　　在庫なし →

小売業的要素
- 商業流通
  →商社、百貨店、量販店、スーパー、コンビニなど

サービス業的要素
- サービス業
  →学習塾、介護、人材派遣など
- レジャー、遊戯
  →旅行、ホテル、映画など
- マスコミ
  →新聞、放送、広告など

金融業的要素
- 金融・保険
  →銀行、証券、保険、消費者金融など

↓ モノは作らない

27

⑭ 経理部門の組織

　一般的に、企業という組織は営業部、製造部、経理部、総務部…など、部門に分かれて成り立っています。その部門の中でも、経理部門の組織はどのような仕組みになっているのか、代表的な部署名と業務内容をみていきましょう。

❶ 主計

　日々の取引を記録し、いわゆる決算業務などを行うのが主計と呼ばれる部門です。主計の対になるのは営業経理など（右ページ参考）。主計と営業経理を分けているのは事業部制やカンパニー制をとっている大規模な企業に多く、中小企業はそのまま経理部と呼んでいることが多いです。

❷ 財務

　小口現金管理や銀行振込などの現金出納業務から、資金繰り表の作成、借入金の管理など、企業の活動に必要な資金調達・運用を行います。

❸ 税務

　部署として独立している会社は少ないですが、税務担当を明確にしている傾向はあり、法人税の申告書作成や、税効果会計などを行います。企業内税理士が活躍する部門です。

❹ 管理会計

　部署名は「経営企画部」としている会社が多いでしょうか。翌年度の売上目標や給料などの費用をどの位にするかを検討し、予算作成、予算／実績分析などを行います。

一般的な管理部門の組織イメージ

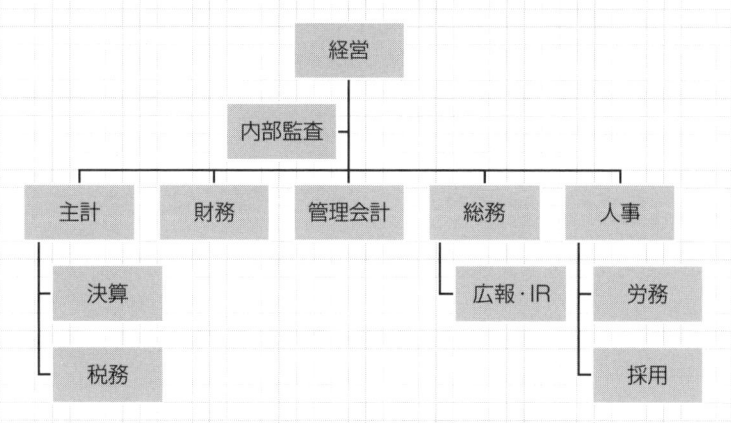

```
経営
├─ 内部監査
├─ 主計
│   ├─ 決算
│   └─ 税務
├─ 財務
├─ 管理会計
├─ 総務
│   └─ 広報・IR
└─ 人事
    ├─ 労務
    └─ 採用
```

事業部制の組織イメージ

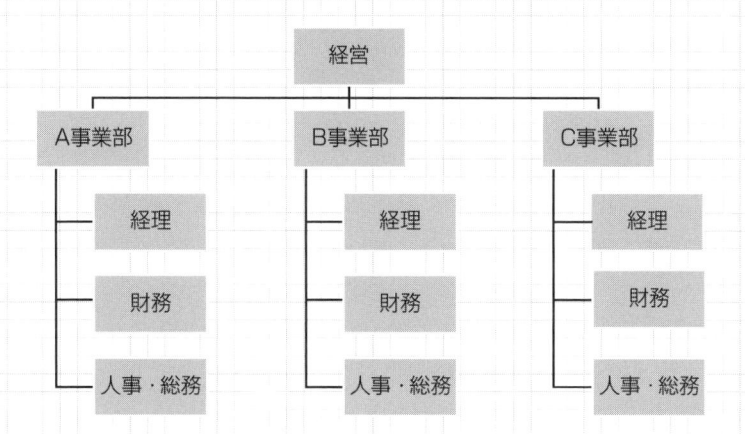

```
経営
├─ A事業部
│   ├─ 経理
│   ├─ 財務
│   └─ 人事・総務
├─ B事業部
│   ├─ 経理
│   ├─ 財務
│   └─ 人事・総務
└─ C事業部
    ├─ 経理
    ├─ 財務
    └─ 人事・総務
```

Point

　配属先の部署名で、おおまかな組織イメージはできると思いますが、実際の組織構成は会社によってさまざまです。

　自分が配属される部署が、企業の中でどのような役割を担っていて、他部署とはどのような関係性にあるのかという点にも注目しておきましょう。

⑮ 会計事務所・税理士法人の経理の仕事

　前章では、特に一般事業会社の経理の特徴を述べてきましたが、経理職の就業先としては、事業会社以外に会計事務所や税理士法人も挙げられます。ここでは事業会社と事務所の違いについてお話していきます。

❶ サービスの提供先

　一般事業会社の場合は、自社の経理を行うわけですから、社内向けのサービスと言えます。たとえば経費精算や給与計算は自社の従業員のためですし、決算業務は重要な経営資料となりますので社長をはじめとした経営陣のためです。また、上場している企業であれば、それは経営者のほかにも株主などのステークホルダーのためとも言えます。

　一方、会計事務所は会社の経理部門や個人事業主など、経理業務を委託してくれる人たちを顧客として業務を行います。つまり、サービス業ということです。一人で何社もクライアントを担当し、並行して複数社の経理業務を行うことがあります。

❷ 会計のプロフェッションとして

　経理の業務委託だけではなく、税務顧問を引き受けている会計事務所も多く存在します。経営相談や節税対策、事業承継などさまざまな相談に乗るのも顧問事務所としての仕事です。公認会計士や税理士などの資格にもつながりますが、会計の専門家としてより高度で最新の会計知識を求められるといえるでしょう。

　一般事業会社と会計事務所、どちらが経理職として有利ということではありません。自分に合った仕事、環境を見極めることが大切です。

会計事務所と一般事業会社を比較してみよう

	会計事務所	一般事業会社
業務量	クライアントの件数や規模によるので、担当によって異なる。複数のクライアントを担当していると当然処理量は多くなる。	会社の規模や配属先にもよるが、1社内での業務量はあまり変動することがない。
会計ソフト	TKC、ミロク、JDLなど、クライアントによって複数使用することがある。	弥生会計、ERPソフト、会社独自に開発したものなど1つに集約されていることが多い。
外出頻度	月1回など、定期的にクライアントの巡回をすることもある。	基本的に社内での業務が多い。
繁忙期	11~3月：年末調整、確定申告 3~5月：3月決算のクライアント対応、税務申告業務 6~10月：閑散期となり、税理士を目指している方は8月の試験に向けて勉強される方も多いです。	会社の決算期による。 1ヶ月のサイクルだと、月末月初や5・10日、給与の締日前などが忙しいという部署が多いです。

Point

　会計事務所は繁忙期がはっきりしているところが多いので、公認会計士や税理士の試験勉強との両立を考えている方にとっては、繁忙期の期間限定の派遣を活用するのもおすすめです。

　もちろん、一般事業会社で年間を通じて「残業なし」「週数日勤務」などの条件で働くのも勉強との両立に良いですね。

雑談コーナー
経理の魅力

―― 第1章では、経理の仕事についてのお話でしたが、吉田先生が実際に経理部門で働いていて感じる経理の魅力とは何でしょうか？

　やっぱり「客観的なゴールが明確」ということでしょうね。とにかく自分が全力でやれば、必ずゴールに到達できるという仕事はほかにないと思います。簿記の勉強をして合格するとか、日々の会計処理をきちんとして、監査に耐えうる決算資料を作成するとか、ね。たとえるなら、頑張れば100点を取れるテストを100点取り続けるというのが経理。100点を取り続けるのは難しいかもしれないけれど、120点、200点をとれるのが営業といえるかな。

　あとは、経理は正直であることが美徳。可能な限り客観的に処理することに徹し、自身が担当する企業の会計上の事実を報告すればよいのです。役員会などの場で、「業績が下がっている、予算達成できていない」など、会社にとって良くないことも、営業成績に責任を負わずに隠さず、"数字で"正しく堂々と報告できるのです。もし経理担当者にその責任を負わせたら、自身の安全を図るために、真実の会計を行わない可能性が大きくなってしまうからね。

―― 正義感のある方が経理に向いている、ということですか？

　そうですね…純粋な正義感というよりも、"会社のための正義感"という感じかな。もちろん悪いことはしちゃいけないから、法律を守るという意味でも正義感は必要ですね。でも、Aという処理とBという処理の2つの選択肢があって、どちらも法的に認められているとしたら、会社に有利な方を選びますからね。職務の使命を全うするという責任感は必要でしょうね。"代打で送りバントを100％決める"という感覚かな。

　正しいデータをきちんと出すという仕事は極めてしまえば楽だからねぇ。

―― 経理って楽な仕事なんですか？！

　いやいや、相手の人や、外部環境に左右されず、とにかくやればゴールに着

けるというのが楽、という意味です。もちろん経理って楽な仕事だなと感じるところに到達するまでは、とても努力が必要ですよ。法律的な知識の習得や、ありとあらゆる経験を積んでいかなければなりません。

　まぁ、経理はやるべきことが大体決まっているので、「○月○日までに××をやらなければならない」というスケジュールが立てやすいという意味でも、業務管理が楽、ともいえます。ベースは同じですからね。

　それを無味乾燥で物足りないと感じるか、毎月正確な数値をスケジュール通りに報告することに達成感ややりがいを見出せるかどうかは人それぞれだし、それが経理職の適性ということだと思います。

　とはいうものの、それぞれのゴールに「到達するまでの成長の喜び」というのは大きいと思います。そのゴールのために勉強するべきことも明確ですしね。マーケティングや営業の話術を勉強するといっても勉強方法やゴールがわかりにくい部分がありますが、経理なら簿記や税理士科目の勉強、実務では月次決算・年次決算の方法など、勉強することも明確なので、その成長具合も明確です。ある程度極めるところまでいっても、税法が変わったり、会社が新しい事業を始めたり、規模が大きくなっていったりと変化はありますから、その変化に対応する必要もありますね。

―― 一つのゴールに到達したら、また次のゴールが見えてきて、そのゴールに向かって**努力すれば、また必ず到達できる**、ということでしょうか。やっぱり経理って深いですね…

第2章
経理で働き始めたら

① 派遣で働く心構え

新しい職場で仕事を始めるということは、誰もが緊張することです。スムーズに就業を開始できるように、事前の準備をきちんと行いましょう。また、就業が開始してからも、社会人としての基本的なビジネスマナーを守って仕事に臨むのはもちろんのことです。長く気持ち良く働くために、派遣社員として働く心構えについて、しっかりと心にとめておきましょう。

❶ 就業前・就業初日の準備

就業初日は新しい職場への通勤に慣れていないため、余裕をもって出勤しましょう。遅くても、就業開始の10分前には職場に到着し、仕事を始められる状態で待ちたいものです。持ち物についても、忘れ物がないように、事前に確認しておきましょう。

❷ 就業開始してから

仕事をするにあたって、基本的なビジネスマナーを守るということは当然のことです。前の職場での常識が、新しい職場で通用するとは限りません。挨拶や言葉遣いに気をつけることはもちろん、業務上の報告・連絡・相談も欠かさないように心がけましょう。

❸ 派遣社員としての心構え

派遣社員という立場は正社員とは異なります。良くも悪くも、仕事の成果を評価されるということを忘れずに仕事をしましょう。とはいうものの、派遣先で良好な人間関係を築くことは、業務の成果に良い影響を与えることはいうまでもありません。業務のスキルアップだけでなく、人間関係の面でもスキルアップを目指しましょう。

就業開始前のチェックリスト

☑ 通勤ルートは確認したか
- 電車の乗り換え
- 最寄駅から就業場所までの道
- 勤務開始時間の10分前に到着するための出発時間

☑ 忘れ物はないか（持っていくと便利なモノも準備しておきましょう）
- タイムシート（派遣会社や就業先によって異なるので記入方法などは事前に確認しておきましょう）
- 使い慣れた電卓
- 印鑑
- 筆記用具

☑ 就業規則を確認したか

☑ 機密情報の取り扱いについて再確認したか（38〜39ページも参照）

☑ ビジネスマナーについて再確認したか（40〜41ページも参照）

☑ 初日の挨拶は明るく元気に！
自己紹介を求められる場合もあるので心積もりしておきましょう

② 機密情報の取り扱いについて

昨今、情報漏洩に関するニュースが世間を騒がせることが多々ありますが、仕事をするうえで、「機密情報の保持」は非常に重要なことです。意図的な漏えいはもちろん犯罪ですが、うっかりしたミスから起きてしまった漏えい事故も、解雇を含む懲戒の対象となる場合があります。

特に経理という業務の性質上、派遣先の機密情報に触れる機会も多くなると思います。常に緊張感をもって仕事をしましょう。

❶ 個人情報とは

「個人情報」とは、生存する個人に関する情報であって、当該情報に含まれる氏名、生年月日その他の記述等により特定の個人を識別することができるもの（他の情報と容易に照合することができ、それにより特定の個人を識別することができることとなるものを含む。）をいう。

出典：個人情報の保護に関する法律　法第２条第１項

氏名がついているものはすべて個人情報と思えば間違いありません。注意しすぎるということはありませんので、普段の業務から注意を怠らないようにしましょう。

❷ 機密情報

機密情報とは、派遣先・派遣元企業の過去・現在および将来の企業情報、営業情報、債権管理情報、商品開発、商品運用、その他一切の事業活動、サービス、提案書、報告書等に関するもので、機密と指定したうえで、書面、磁気情報、電子情報、口頭などいかなる手段を問わず開示された、または、入手したすべての情報をいいます。また、機密情報を含む可能性のあるすべての有形資料（紙媒体など）および電子情報（データファイルなど）を含みます。

注意すべきチェックリスト

■ **派遣先で**
☑ 個人情報が含まれるデータの授受は必ず記録するようにしましょう。
☑ 個人情報等の大切な情報の保管・管理は、施錠のできる場所に収納するようにしましょう。
☑ 個人情報や機密情報を含む重要な書類は、一般の書類と混在しないように、日頃から机や引き出しの中の整理整頓に努めましょう。
☑ 訪問者に気付いたら、仕事中でも必ず声をかけて、訪問の目的・部署を確認し、必要であれば面談者に取り次ぎましょう。
☑ 支給されたパスワードの保管・管理は、厳重に注意し、会社内においても誰にも開示しないこと。また、他人のパスワード等を聞かないこと。
☑ 個人情報や機密情報を表示したまま離席しないこと。離席する場合は、パスワード管理のできるスクリーンセーバーに設定するか、ログアウトしておきましょう。

■ **派遣先以外の場所で**
☑ 会社やエレベーター、電車内など公共の場で、仕事や個人情報についての話題はもちろんのこと、不要な会話はしてはいけません。
☑ 酒席での会話には要注意!!個人情報や会社の情報をうっかり話さないようにお互いに注意しましょう。
☑ 自宅に会社の資料を持ち帰る、メールで送信するなどは、一切行ってはいけません。

■ **何か起こってしまったら**
☑ 情報漏えいの被害は時間とともに拡大します。紛失したらすぐに、指揮命令者、派遣元担当者、警察などに届け出るようにしましょう。

③ オフィスルールの確認

36～39ページでは、働くにあたっての準備や心構えをお話しましたが、就業が始まってから留意しておきたいことについて、もう少し掘り下げてみたいと思います。

新しい職場では第一印象が大切です。初日はあまりラフな服装や華美な服装は控え、社風を確認することをおすすめします。そして、就業が始まったら、まずは挨拶が肝心です。相手から挨拶されるよりも前に、自分から進んで声を掛けるようにし、一日でも早く、顔と名前を覚えてもらうようにしましょう。また、電話の取次ぎ業務が含まれる場合などにも必要になるので、内線番号表や座席表を確認し、組織の構成やメンバーの方の顔と名前を覚えるようにしましょう。

右ページのチェックリストにあげている内容は、本当に基本的なことですが、これらのことが原因で派遣先の人間関係に支障をきたしてしまうことや、クレームにつながってしまうというケースが意外にも多いのが事実です。

基本的なビジネスマナーを守るのはもちろんですが、派遣先それぞれのオフィスルールがあるという場合も多いです。自分からオフィスルールを確認しづらければ、派遣会社の担当者を通じて派遣先に確認してもらっても良いでしょう。

せっかくお仕事が決まったのに、業務とは関係のない部分で、派遣先の方に悪く評価されてしまうのは心外ですよね。あえて自分から信頼をなくすようなことはせずに、周りの方と積極的にコミュニケーションをとり、一日も早く慣れるように心がけましょう。

チェックリスト

☑ **自己紹介・挨拶を大切に**
※業務上で周りの方に声を掛けるシーンでは、「○○部に配属されました、□□です。△△の件で、少しお時間よろしいでしょうか？」など、名前を伝えてから用件を話すと好感度がアップします。初日の挨拶だけではなく、自分の名前と顔を覚えてもらうために、就業開始からしばらくは意識してみましょう。

☑ **座席表や内線番号表の確認** ※なるべく早く顔と名前を覚えましょう

☑ **勤務中の飲食ルールについて**
※職場によっては「自分のデスクで昼食をとって良い場合・そうでない場合がある」「間食は禁止」「飲み物はペットボトルのみ」などのオフィスルールが存在することが多くあります。

☑ **服装のマナーについて**
※人によって不快に感じる度合いは異なります。自分の基準ではなく、"仕事をする"にふさわしい服装を心掛けましょう。
- ネクタイの着用時期を守る
- 制服を着崩さない
- 露出の多い服は避ける
  （ミニスカート、キャミソール、踵のない靴など）
- 華美なネイルアートはしない
- 華美なアクセサリーはつけない

☑ **業務の引継ぎや注意事項についてはメモをとる**
※すべての派遣先で完璧なマニュアルが準備されているということはありません。マニュアルがあったとしても、イレギュラーな対応が発生することもありますので、メモをとりながら話を聞く癖をつけましょう。

④ 仕事を始めてから1ヶ月経過する頃

　経理の仕事は1ヶ月／四半期／半期／1年　など基本的には一定のサイクルで繰り返されていきます。つまり、仕事を始めてから1ヶ月経つ頃には、月次の業務が一巡するということになります。

　就業を開始してから1ヶ月という時期は、経理の仕事を振り返るにもちょうどいい時期です。次の月から月次の業務をスムーズに行えるように、業務の内容を復習し、それぞれの業務スケジュールを確認しておきましょう。

　月次の業務の一例として請求業務についてあげますと、多くの会社では1ヶ月の売上を月末で締めて請求書を発行します。しかし、会社によっては20日締めで請求をしたり、15日締め・月末締めと1ヶ月に2回請求書を発行したりすることなどもあります。

　このように一つの業務をとってみても、会社によってそのスケジュールはさまざまです。また経理業務（特に月次業務）の特徴として、多くの業務で「○日（第○営業日）に処理する」ときっちり決められていますので、処理の漏れや遅れが出ないようにカレンダーや手帳などを使ってしっかりスケジュール管理するようにしましょう。

　経理業務の1ヶ月の流れは右ページの例を参考にしてみてください。

株式会社○○　経理月次業務スケジュール表

日	業務予定
1	月末締め請求書発行・送付
2	売上・売上原価の計上
3	帳簿の締め切り、試算表作成
4	月次報告資料の作成（予算対比分析など）
5	経営層への月次報告
10	源泉所得税の納付
〜	〜
22	給与振込データの銀行への送信
25	給与支払日
30	総合振込データの銀行への送信
	取引先への支払日（総合振込）
31	社会保険料の納付
	売掛金の回収確認

※予定日が土日や祝日の場合は、日程が前後にずれます。
（例）源泉所得税の納付　…　10日が土日祝日の場合、休み明けの日
　　　給与の支払　　　　…　支払日が土日祝日の場合、休み前後の日
　　　　　　　　　　　　　　（会社ごとに給与規程で定められています。）

⑤ 仕事を始めてから3ヶ月〜1年経過する頃

　前のページでもお話したように、経理業務のサイクルからすると3ヶ月〜1年という間に月次決算、四半期決算などを経験することになります。
　就業を開始した時期によっては中間決算や年次決算も経験することがあります。

　3ヶ月経過する頃には、だいぶ業務にも慣れてくるのではないでしょうか。先輩から細かい指導がなくても、自分の担当する日常業務はスムーズに行えていることが理想的です。
　また、業務に慣れてくると、いろいろな改善点が見えてくると思います。少しずつ担当業務の効率をあげる工夫をしてみても良いでしょう。

　そして1年経つ頃には、月次の一連の業務が頭に入っていることと思います。しかし、経理の業務の中には、1年に1回しか行わない業務もあります。
　丸1年を経過して、ようやく経理業務を一巡することができますので、月次のときと同様に、通年での業務を振り返ってみましょう。右ページの例を参考にしてみてください。

　業務に慣れてきたからこそ、ちょっとしたミスが起きてしまうということも、良くあります。そういったミスを防ぐためにも、自分なりのマニュアルやチェックリストなどを作成し、業務の質を上げていきましょう。

株式会社○○　経理年次業務スケジュール表

※東京都に所在する3月決算の上場企業

月	業務予定
4	年次決算処理
5	決算短信の作成・開示
	自動車税・軽自動車税の納付
6	有価証券報告書の作成・開示
	法人税・地方税・消費税の確定申告及び納付
	固定資産税・都市計画税（第1期分）の納付
1	四半期決算処理
	四半期決算短信の作成・開示
	償却資産申告書の作成・提出
2	四半期報告書の作成・開示
	固定資産税・都市計画税（第4期分）の納付
3	年次決算処理準備

⑥ キャリアアップに向けて

　経理職の魅力の一つとして、「他の職種に比べてキャリアパスを描きやすい」という点があげられます。経理という業務の軸には、業界を超えて「簿記」という共通言語があることや、実務については経済産業省が公表している「経理・財務サービススキルスタンダード」によって、その業務プロセスが標準化・可視化されているということもあり、業務の全体像を理解しやすくなっています。

　「現在の業務からステップアップするとしたら、どんな業務につながっていくのか」という絵を客観的に描くためには、まず自分が担当している業務が経理の業務全体から見て、どの位置なのかということを把握してみましょう。

　派遣の契約更新時期などは、自分の実務経験を棚卸しし、将来のキャリアを考えるのに良い機会です。重ねてきた経験を、定期的に振り返ってみましょう。そして、契約更新時期には派遣会社の担当エージェントにも相談し、次のステップを一緒に考える時間を設けてみると、計画的にキャリアアップする近道になります。

　「経理・財務サービススキルスタンダード」や、右ページの表を使いながら、客観的に自分の実務経験を見直してみましょう。

　次のステージに進むために、「転職」はひとつの選択肢に過ぎません。同じ会社でさらに高度な経験を積んでいける場合もありますし、ジョブローテーションが行われることもあります。逆に、業務が固定されていることもあります。新しいステップに進むための方法は慎重に選びながら、着実にキャリアアップしていきましょう。

経理スキル別業務（派遣）区分例

派遣の条件	●未経験可 ●PCスキルは高水準 ●テンキー及び入力速度 ●他の事務経験必要 ●経理初歩として経験必要	●営業事務経験者にお勧め ●日商3～2級 必須 ●実務経験者 ●EXCELは中級	●経理以外の条件付加あり ●外資案件も多い	●年齢条件が厳しくなる ●スキルレベルの差異あり		月次・四半期・年次決算 ・事業所、関係会社間取引 ・給料計算、社会保険事務 ・未収・未払等経過勘定処理
				月次決算		・事業所、関係会社間取引
			月次決算補助	・売掛金残高照合及び管理 ・買掛金残高照合及び管理		・不良資産洗い出し・整理
			・預金管理（手形、小切手管理）	・資金収支、残高管理		・会社法に基づく決算書作成
		月次補助（売掛・買掛）	・消費税区分の判断	・売掛・売上管理		・財務諸表等規則に基づく資料作成
業務内容	営業事務・経理	・預金管理（手形、小切手管理）	・売掛金管理（消し込み）	・買掛・支払管理		・連結財務諸表作成
	・現金出納（小口現金含む） ・旅費等・経費精算 ・受注出荷事務 ・請求書発行業務 ・支払い伝票作成、入力 ・銀行振込等支払処理（FB）	・売上伝票作成・入力 ・売掛金管理（消し込み） ・支払い伝票作成、入力 ・銀行振込等支払処理（FB） ・買掛金管理（消し込み） ・消費税区分の判断	・買掛金管理（消し込み） ・資金収支、残高管理 ・売掛・売上管理 ・買掛・支払管理 ・事業所、関係会社間取引 ・給料計算、社会保険事務	・事業所、関係会社間取引 ・銀行借入・折衝 ・月次決算整理伝票作成 ・原価計算 ・給料計算、社会保険事務 ・固定資産管理補助		・子・関連会社連結情報収集 ・資産購入、移動、売廃却処理 ・減価償却手続き ・各種税務申告 ・予算策定作業 ・予算・実績管理

　上記の図では、右にいくほど高いスキルが求められる仕事となっています。経理未経験の方は、一番左からスタートすると考えてみましょう。

　業務を分業している会社も多くありますが、左から右に進むには、一つひとつの業務経験を積み重ねていくイメージです。

⑦ 困ったときの対応1　〜業務の内容編〜

　いざ、仕事が始まってみると、順風満帆とはいかないときもあると思います。そんなとき、みなさんだったらどのように解決するでしょうか。ここでは業務内容で困ったときの、代表的な事例に対する対応策についてお話ししていきます。

　例えば、派遣スタッフの方から、こんなご相談をいただくことがあります。
「前任者の引継ぎがなく、業務の内容が理解できない」
「マニュアルが整備されていない」…等々。

　業務の引継ぎやマニュアルの有無は、事前に派遣会社との間で確認しておくことで防げることが多いのですが、実際に働いてみないとわからないこともたくさんあります。直接的な引継ぎがしっかりあることが理想ですが、そうでない場合も慌てずに冷静に対応しましょう。
　経理の場合は、ある程度やるべきことが決まっているので、「前年度、前月などの過去の資料をみて、同じような処理をする」「顧問の税理士に問い合わせをする」などの対応でカバーできることもたくさんあります。もちろん、わからないことをすぐに相談できるような人間関係を築いておくということも忘れずに。
　また、ご自身のスキル不足を感じる場合は、派遣会社を通じて、業務内容の見直しができるかどうかを相談しましょう。そのうえで、自分のスキルをカバーするためには、派遣会社が実施している研修制度などを積極的に利用するという方法もあります。右ページの図からもわかるように、派遣会社の研修は、特に事務系の講座が多いようです。研修内容のバリエーションもさることながら、通学講座やセミナーのほかに、働きながら勉強しやすい通信講座やeラーニングなどの講座も充実してきています。Excelをはじめとしたパソコンスキル、会計ソフト、経理実務の講座など、派遣登録している方は無料で受けられるという特典を設けている派遣会社も多いので、積極的に活用しましょう。

第 2 章 経理で働き始めたら

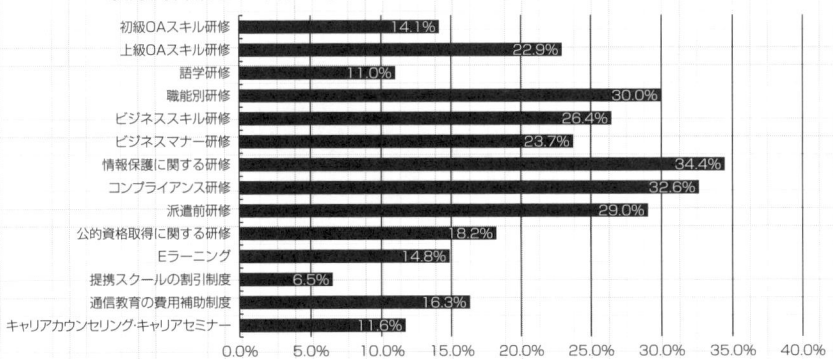

一般労働者派遣で「特に力を入れている研修」(複数回答)(n=776)

研修項目	割合
初級OAスキル研修	14.1%
上級OAスキル研修	22.9%
語学研修	11.0%
職能別研修	30.0%
ビジネススキル研修	26.4%
ビジネスマナー研修	23.7%
情報保護に関する研修	34.4%
コンプライアンス研修	32.6%
派遣前研修	29.0%
公的資格取得に関する研修	18.2%
Eラーニング	14.8%
提携スクールの割引制度	6.5%
通信教育の費用補助制度	16.3%
キャリアカウンセリング・キャリアセミナー	11.6%

出典:独立行政法人労働政策研究・研修機構
「人材派遣会社におけるキャリア管理に関する調査(派遣元調査)」

教育訓練の内容はどのようなものでしたか?(複数回答)

「研修・教育訓練を受けたことがある」と回答した者に、その内容を尋ねた結果、「OA研修」が67.8%と最も多く、次いで「ビジネスマナー」46.5%、「個人情報保護等」23.3%となっている。

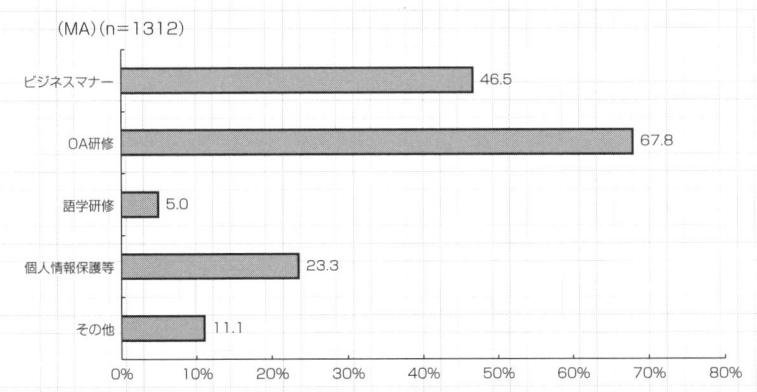

(MA)(n=1312)

項目	割合
ビジネスマナー	46.5
OA研修	67.8
語学研修	5.0
個人情報保護等	23.3
その他	11.1

出典:一般社団法人日本人材派遣協会
「平成24年度 派遣社員WEBアンケート調査」

⑧ 困ったときの対応2　～人間関係編～

　仕事のトラブルで最も多いのは、人間関係によるものではないでしょうか。人間関係の悩みは、正社員・派遣社員・パートなどの就業形態を問わず、またどのような職場でも起こりえます。もちろん、雇用形態特有の悩みもありますが、それぞれの悩みによって、内容や状況もさまざまです。

　派遣社員としてお仕事をしている中で人間関係トラブルに遭った場合には、派遣元（派遣会社）の担当者が、真っ先に相談を受ける立場になってくれます。

　派遣元は派遣社員の就業が円滑に行われるようにするための努力をする義務があります。人間関係や職場の就業環境についてはもちろんのこと、仕事のことで悩みがあれば、まずは派遣元の担当者に相談してみましょう。派遣元は客観的に話を聞いたうえで、派遣先の指揮命令者や責任者に対して、具体的な改善を申し出ることができます。

　また、派遣元の担当者以外にも、相談を受けてくれる公共の機関を利用してみるのも一つの方法です。右ページのように、派遣社員の方からの相談事例も多く掲載されていますので、参考にしてみてはいかがでしょうか。

◆一般社団法人日本人材派遣協会　相談センター
　電話　：03-3222-1605
　相談日：月～金曜日（祝日、年末年始を除く）

　派遣社員は職場で孤独な立場、と考える方もいらっしゃるようですが、悩んだときは一人で抱え込まずに相談してみましょう。

人間関係の相談事例

Q. 派遣先での人間関係に悩んでいます。机を並べていっしょに仕事をしている正社員の方が仕事をキチンと教えてくれず、聞くといやな顔をするので聞きづらくて困っています。どうしたらよいでしょうか。

A. 派遣法によれば、派遣元会社は、派遣就業が適正に行われるように、必要な措置を講ずる等適切な配慮をしなければなりません（31条）。また、派遣元責任者は、派遣労働者から申出を受けた苦情の処理に当たらなければなりません（36条3号）。

一方、派遣先は、派遣労働者の派遣就業が適正かつ円滑に行われるようにするため必要な措置を講ずるよう努めなければならないとしています（40条2項）。また、苦情の申出を受けたときは派遣元と密接な連携の下に、誠意をもって、遅滞なく、苦情の適切かつ迅速な処理を図らなければならないとされています（40条1項）。

以上のことから、ご相談者は、派遣労働者に対する正社員の対応について苦情を申し出ることが出来ます。具体的には、派遣元責任者に苦情を申入れ、派遣元責任者から派遣先責任者に事情を説明してもらい、改善を申し入れてもらうと良いでしょう。

就業環境の改善は、派遣労働者が働きやすくなるだけでなく、能率が上がり、生産性が上がるので、派遣先にとっても良いことです。

出典：一般社団法人日本人材派遣協会 web ページ
「派遣社員向け相談事例」より抜粋
http://www.jassa.jp/association/advice/example/index.htm

⑨ 事例1　SEからキャリアチェンジ！大手メーカーにて就業中のスタッフ

男性（30代）　／　資格：日商簿記1級
経験企業：IT企業・印刷会社・大手メーカー

―― 現在のお仕事内容を教えてください。

　売上高数百億円規模の大手メーカーで勤務しています。私は財務部に所属しており、他部署からの伝票の内容確認と承認業務を中心に行っています。

―― 経理に興味を持ったきっかけは何ですか？

　SEとして勤務していた頃に会計システムの開発に携わっていたのですが、当時会計用語が全くわからず、日商簿記3級の本を本屋さんで立ち読みをしたのがきっかけで経理に興味を持ちました。

―― 簿記は日商簿記1級まで取得されているのですね。

　はい。日商簿記3級から取り組みましたが、会計の論理的な部分が見えはじめてくる日商2級の方が、勉強が楽しく感じました。
　併願受験で2級と3級に合格した後、さらに簿記のシステマチックな世界を知りたいと思い、日商1級に挑戦しました。1級は2級と比べて内容も難易度も数段上がりましたが、地道に取り組むことで取得することができました。

―― 資格を取得してから、実際に経理業務を行い戸惑ったことはありますか？

　私の直接的なミスではなかったのですが、同じ部署内で伝票が紛失されてしまい、得意先への支払いが滞ったことがありました。
　金額がかなり高額であったため、大変責任のある仕事だと痛感しましたし、その一方で大きな仕事をしている充実感も感じました。
　また、会社の規模により処理の仕方や独自のルールもありますので、これは

実際に就業しないと身につかないことだと思います。

—— 初めて経理業務を行うにあたって心掛けていることはありますか？

　わからないことを聞く時には、一つ一つの作業の細かい部分についてつど、質問を繰り返すのではなく、全体に共通する大枠についても聞き、最終的に自力で正しく判断できる力を身につけようと心掛けています。

　大枠となる理論がわかっていれば「同種だが少しだけ違う処理」に対応することができるからです。

—— 具体的にどのような質問の仕方をしているのでしょうか？

　たとえば「この作業について、全体の流れとしては○○ですが部分的には△△ですね」と質問し、現在わからずに困っている箇所の対処法と同時に、それに関わる全体像も確認するようにしています。ただし、すべての説明を求めるのは時間がない時などは特に、周りに迷惑をかけることになりかねないので注意しながらですが。いずれにせよ「どのような考えに基づいて作業しているのか」は必ず最終的には押さえるようにしています。

　一緒にお仕事をさせて頂いている方が細かい部分も理論も、とても丁寧に教えてくださる方で、大変感謝しています。

—— 未経験の方で経理職を目指す方にメッセージをお願いします。

　経理はルーティーンな作業が多いですが、仕事を進めるなかで深みが出てきて、努力が報われる職種です。

　はじめは請求書の整理など初歩的な業務からのスタートですが、そこから全体につながっていきますので、地道に取り組みましょう。

⑩ 事例2 "家庭と仕事のバランスを大切に！" 週数日で派遣就業しているスタッフ

女性（40代） ／ 資格：日商簿記2級
経験企業：会計事務所、税理士法人、大手会計ソフト会社、商工会議所・青色申告、IPO予定企業等

―― 現在のお仕事の様子について教えてください。

　個人の会計事務所で働いています。3名体制と小規模な事務所ですが、先生が明るく話しやすい雰囲気の方で、とても働きやすいです。週2日勤務で、仕訳の入力の会計業務から、年末調整・確定申告、法人税申告のお手伝いなど税務・会計業務全般を行っています。

―― 一般企業と会計事務所両方でのご経験がありますが、経理として業務の違いはありますか？

　一般企業の経理も、毎日細かい計算になるので大変ですが、会計事務所のお仕事はその先を行くお仕事だと思っています。よく「0点か100点にしかならない」と教えられました。ミスは許されないという意味ですが、企業や個人のお客様から重要な会計情報を預かり、企業の方が経理処理を間違っていても、会計事務所は完璧な決算書・税務申告書を作成する必要があります。もちろん一般企業での経理も大変ですが、事務所は違った意味でのプレッシャーがあります。

―― 派遣社員としてお仕事をするうえで心がけていることはありますか？

　そうですね。期限のあるお仕事ですので、優先順位は業務の期限を考えて組み立ててゆかなくてはならないですし、円滑にお仕事をする上では人間関係も大切だと思います。問題があると思った時には、仕事絡みの内容でしたら、派

遣先の会計事務所の先生に直接聞くことや、解決できそうな人に相談しています。いつまでも一人で抱え込まないように心がけます。

　また、自分で解決できない問題があれば派遣会社のエージェント（営業担当）の方にも相談してみます。相談する時も、感情的にならないように一呼吸おいて、問題点を整理してから臨みます。そうすることで一緒に解決策も見つけることができて、良い環境でお仕事ができるようになりますよ。

―― **最後になりますが、経理のお仕事とご家庭や子育て、勉強など、両立されている方にメッセージをお願いします。**

　どんな会社でもお店でも、経理のお仕事は業種を問わず必要なお仕事ですので、子育てが終わって本格的に活躍したいと思った時に経理のお仕事を選んだ方は良い選択をしたと感じると思います。

　しかし、復帰するにはブランクもあり、なかなか採用されず焦ったり悩んだりすることもあるかもしれません。

　でも、まずは雇用形態や時給など条件ばかりを考えるのではなく、前に進んで欲しいと思います。「もう少し子育てが落ち着いたら…」「正社員じゃないと…」など色々なことを考えすぎると機会を逃してしまうこともあります。

　仕事とプライベートの両立は大変なことも多いと思いますが、正社員で働くにしても、派遣で働くにしても、経理は専門職でスキルを積めばさまざまな業務に携われるようになりますので、頑張ってプロになってもらいたいです。

⑪ 事例3 外資系企業で派遣から正社員に切り替わったスタッフ

男性（40代）／　資格：USCPA
経験企業：外資系会計事務所、外資系医療機器メーカー、東証一部上場化学
　　　　　メーカーなど

―― 今はどんなお仕事を担当しているのですか？

　財務経理チームで、経理のマネージャー補佐をしています。マネージャーの下で、決算の取りまとめなどをしています。

―― もともと経理を目指したきっかけは、何だったのでしょうか？

　学生の頃に会計士の勉強をしていたのがきっかけです。簿記3級からスタートしました。

　仕事を始めてみた後も、経理は身につけた知識、経験がそのまま活かせて、しかも会社の状況がよくわかる仕事なので、面白く感じました。

　地味な仕事であっても、それを繰り返すことでひとつ上のレベルが見えてきたりと、自分にも向いていたと思います。

―― 経理で大変だったなと思うことは、どんなことでしたか？

　月並みですが、決算や新しいシステム導入、監査対応、税務調査対応ですね。

　あと、経理の仕事は他部署に言いづらいことも言わなければならないなど、意外と他部署とは緊張関係になることがあるので、コミュニケーションには気を遣うようにしています。

―― 経理は意外なところでコミュニケーション力が求められますね。外資系企業と日系企業との違いなどは感じますか？

　今いる会社は、外資系といっても、わりと日系企業の雰囲気をもっているの

で、大きな違いは感じませんね。ただ、外資系企業は中途採用の方が多いので、中途入社には比較的理解があると感じます。

あと、特に上場している日系企業は有価証券報告書作成などの業務がある分、奥深さを感じます。

これは、外資系企業では、なかなか味わえない違いだと思いますね。

—— 仕事を行ううえで、心がけていることは何ですか？

良好な人間関係を保つことですね。

先ほどもお話したとおり、経理は社内の他部署と緊張関係になることがあるので、その分、普段から部門間の人とは良好な関係を保って、いざという時にはヘルプがもらえるように気をつけています。

あと、知識のアップデートにも気をつけています。ここ数年、会計制度がどんどん変わってきているので、経理に携わる者としては、それらの情報収集を怠らないようにしています。

ネットや文献から情報を得ていることが多いですね。

—— 今後の抱負などをお聞かせください。

経理業務は一通り経験ができたので、今後はマネージメントや若手の指導に力を入れたいですね。

その一方で、もっと専門性を突き詰めて行きたい気持ちもあるので、資格の勉強なども視野に入れたいと考えています。

⑫ 事例4 一般企業で経理実務経験を積み、初めて税理士法人で派遣就業されているスタッフ

女性（30代）／ 資格：USCPA、日商簿記2級
経験企業：化学分析会社、金融会社（投資事業会社）、税理士法人

―― 現在のお仕事について教えてください。

アジアに力を入れている中堅規模の税理士法人で、外資系クライアントのみを扱う部門に所属しています。

クライアントは海外で上場している企業の小規模な日本法人が多いです。そのため、日本には経理や人事担当者がおらず、日常経理処理から決算、親会社へのレポーティング、そして給与計算や社会保険の処理など管理部門全般を行っています。

―― 経理に興味をもったきっかけは何でしょうか？

最初は、事務系の仕事をしていましたが、27歳の時に何か専門的な仕事に就きたいと考えるようになりました。前職では金融系の仕事をしていて、宅建をもっていたので、法務系のお仕事か経理職にしようと思いました。

どちらかの道に進むために弁護士事務所の求人を受けたり、日商簿記2級の資格を取得していたところ、ちょうど上司から子会社の経理職へ転籍を打診されたのがきっかけで、経理の道に進むことになりました。

―― 経理の資格が色々あるなかでUSCPAを目指した理由を教えてください。

英語が好きで、経理の資格であることと、日本の資格だと日商2級以上の資格は、税理士や公認会計士など取得に時間がかかるものが中心でしたので、仕事と両立しながら資格を取得するためにUSCPAを選択しました。

―― 仕事を行うにあたり工夫されていることはありますか？

　派遣は社員の方のサポートをする立場ですので、直ぐに対応できるように「何がいつ必要なのか」を先読みするように心掛けています。また、派遣先にもよりますが、受け身で仕事をするのではなく、改善点など気づいたことは伝えるようにもしています。"かゆいところに手が届く人"になりたいと思っています。

―― 雇用形態に関わらず、受け身でなく主体的な行動が大切なのですね。
　これまでのお仕事の中で一番の失敗はありますか？克服方法もありましたら教えてください。

　現在の派遣先でのことですが、クライアント先に押印を頂いて税務署へ提出する書類がありました。

　私の認識も甘かったのですが、税務署の担当者ごとに意見が異なり、最終確認をしないままの状態で提出してしまいました。その結果、クライアントへ再修正を依頼することになってしまいました。

　一般企業での業務とは違い、修正する場合にはクライアント先と派遣先の両方に手間と迷惑をかけることになります。そのため、以後は間違いを繰り返さないように確認を徹底しています。

―― 税理士法人の場合にはクライアント先がありますので、その分の責任の度合いが大きいですね。最後に経理職を目指している方にメッセージをお願いします。

　経理の仕事は同じことの繰り返しになりがちですが、広い視野をもって会社を見ることや、税務の勉強をすることで自分の可能性が広がると思います。私も更にステップアップできるよう頑張ります。

13 事例5 長期派遣から正社員に切り替わって活躍しているスタッフ

女性(40代)／ 資格:日商簿記2級、全経簿記1級
経験企業:メーカー、自営業、建設業

—— 現在のお仕事について教えてください。

本社以外に、全国に営業所が5ヶ所ある50名規模の建設会社の本社で経理担当として勤務しています。

管理部門は4名体制で、経理を中心に総務なども行っています。現在は本社と関連会社2社の経理を担当しており、3社分の伝票入力から振込処理、月次決算などを担当しています。

—— 現在は正社員として就業されていますが、派遣社員の時と現在の業務に違いはありますか?

そうですね。会社の方々の対応は変わらないのですが、自分自身の中で意識が変わりました。

派遣社員として就業していた頃は、現金の取り扱いや重要書類は見ないように気を遣っていましたし、業務内容も限定的なものでした。しかし、正社員として入社した後は、より責任のある仕事を担当するようになり、月次決算など業務の幅も広がりました。

—— 正社員として入社されるまでには色々あったと思いますが、乗り越えることができた要因は何だと思いますか?

実は、経理のスキルに関しては自信があり、業務対応も問題ないと思っていました。しかし、実際には経理の知識やパソコンのスキル不足により、業務が全然できず、とても悩みました。派遣期間終了の話があった時にも、自分のスキル不足を痛感しており、素直に受け入れることができて少しほっとしたのを

覚えています。

　色々と心の葛藤がある中で、エージェントの方のフォローが支えになりました。困った時はすぐ電話で相談していましたし、派遣期間終了が決まった後も丁寧なフォローをしてもらいました。だからこそ、終了が決まった後も、派遣先企業にも派遣会社にも迷惑をかけたくないという気持ちが強く、最終日まで手を抜かずに頑張ろうと思いました。

　幸いなことに、終了が決まった後も、派遣先企業の方々から変わらずしっかりとした指導をしてくださったので、モチベーションも変わらずお仕事ができました。"できればずっと働きたかった…"という想いが高まっていた時に派遣期間の継続の話しを頂き、エージェントの方と一緒に大喜びしました。今では、辛かったことも嬉しかったことも、いい思い出です。

―― 経理職として日々頑張っている方へ一言お願いします。
　日々細かい処理が多く間違いは許されない、責任を伴う仕事ですが、自分の気持ち次第ではスキルアップもできて、やりがいのあるお仕事だと思います。辛い時には一つでも良いことを見つけるようにして前向きに頑張りましょう。私も頑張っていきたいと思います。

雑談コーナー

経理の心がまえ

——第2章は、経理職として派遣で働くときの心構えや、実際に働いている方のお話でした。
　吉田先生は派遣社員を部下に持つ立場と、ご自身が派遣社員として働くという両方の立場でお仕事をされていたと聞いています。
　派遣で就業するときには、どんなことに気をつけてお仕事をされていましたか？

　自分がしている仕事のお客さんは誰なのか？このお客さんのために、私は何ができるのか？ということをつねに考えていましたね。
　一般企業の経理職は経理以外の部門が顧客です。そして、派遣社員の顧客は、経理以外の部門でもあり、経理を含む派遣先そのものでもあります。
　派遣を依頼する方は、「仕事をしてもらうために」費用を支払います。つまり、人物に対してではなく、仕事に対して費用を支払うということです。
　そこで、同じ業務にかかる時間を短縮するなど、顧客の期待以上の仕事をすると、契約を更改してくれるはずです。
　さらにもっと多くの仕事をすると、次の契約で、派遣社員から辞退されると困るので、条件を上げるだろう…という風に長い目で仕事をしました。

　心持ち次第ですよ。
　世の中の人というのは、みなさん常に何かしら不満を抱えているものです。残業が多いとか給料が安いとかね。ところが、これは考え方次第であって、朝起きたら出勤する職場があるとか、職場が倒産しないで存続しているとか、取引先・お得意様があるとか、努力をしたら成果がある…幸せってあるんですよ。まぁ70過ぎまで働いたから感じるところなのかもしれないけどね。

――確かに私も、今経理の仕事に就けているということに喜びを感じています。新卒で入社したときは、希望ではない部署に配属されたけれど、今は派遣で初歩的な仕事とはいえ、自分の希望する経理の仕事で働けているということは一つの喜びですし、もっと働きたいという向上心があります！　派遣というのは最初のきっかけなので、そこで経理で働く喜びを感じて成長していくと、道が拓けていくのかなと思っています。

　なかなか良い心がけですな。
　経理は重要な仕事をしていますから、きちんと職務をこなしていれば、正社員も派遣社員も平等に結果をみています。派遣先や上司のことをマイナスに見るのではなくて、自分に対しては「コストに見合った能率をあげてもらいたい」と考えているんだと解釈したほうが仕事をしやすいと思います。
　だから、「どうせ派遣社員だから」という劣等感を感じることは全く無いのです。やった仕事に対する評価というのは、明確ですからね。
　そこに、人間としてのプラスアルファ、何か付加価値をのせていくと、自分の将来に良い作用を産みだすんではないかな。

　――常に、顧客は何を求めているのかということを意識して真摯に取り組むことで、自分のキャリアアップにもつながっていくということですね。
　これからも前向きに経理の道を極めるべく、頑張っていきたいと思います。

第3章
派遣社員のための経理実務

1-1 売上業務の全体像

　会社では商品・製品の販売やサービスの提供を行い、その見返りにお客様から代金を受け取ります。このようにして会社が得た「稼ぎ」のことを「売上」といいます。

　この「売上」に関連する業務は、会社の業種や規模などによってさまざまです。
　この章では商品の卸売業を営む中規模の会社を前提として解説します。
　商品卸売業における売上業務の大まかな流れは以下のとおりです。

---
①得意先の会社から商品の注文を受ける
②注文のあった商品を得意先の会社へ発送し納品する
③得意先の会社へ代金を請求する
④得意先の会社から代金を回収する

　より具体的な売上業務の全体像は**図表 1-1** のようになります。

第3章 派遣社員のための経理実務

●図表1-1

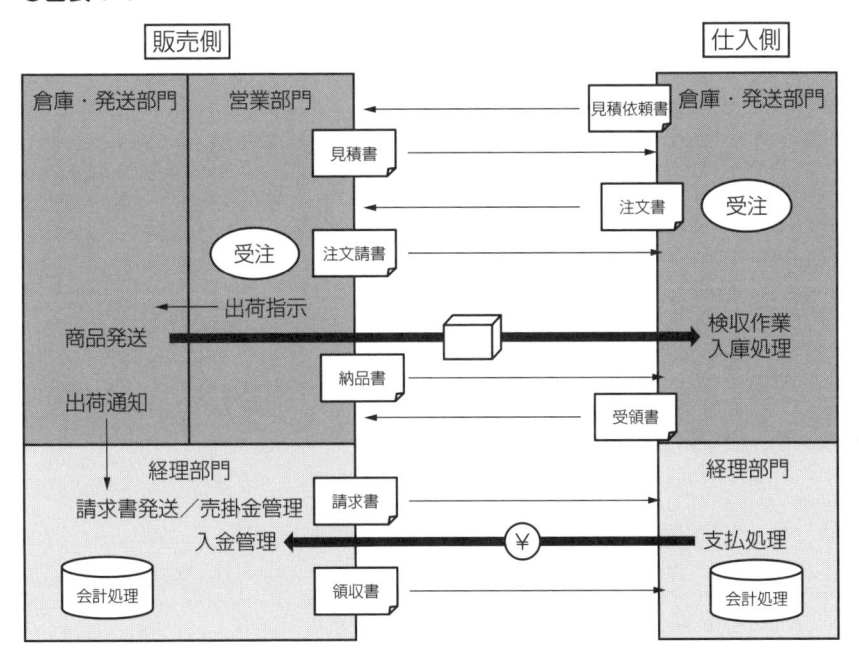

販売側 / 仕入側

倉庫・発送部門 / 営業部門 ← 見積依頼書 ← 倉庫・発送部門
見積書 →
← 注文書 ← 受注
受注 / 注文請書 →
出荷指示
商品発送 →→→ 検収作業・入庫処理
納品書 →
出荷通知 ← 受領書

経理部門
請求書発送／売掛金管理 / 請求書 →
入金管理 ← ¥ ← 支払処理
会計処理 / 領収書 / 会計処理

経理派遣社員あるある

□ ワードよりエクセルが好き、ゲームはアクションゲームよりパズルゲームが好き。
□ 英語の勉強が好きで、Eテレで英会話を見ている人が多い。
□ 社会人になって初めて簿記を知り、派遣で働きながら、公認会計士、税理士、USCPAなど、難易度の高い資格勉強をしている。
□ 割とシステムエンジニアの経験者も多く、経理部で一目置かれる存在になり正社員の声がかかりやすい。
□ ベテラン派遣スタッフは派遣先の新入社員の教育係になり新入社員から慕われる。
□ いつもは温和でめったなことでは怒らないが、月末・月初、決算時期の目は怖い。
□ 新年会、忘年会など飲み会の予定は月末・月初には入れず月中の行うのが暗黙のルール。
□ 税理士を目指しながら派遣で働いている科目合格者の方は段違いに仕事ができる。

1-2 売上業務に関連する書類

　商品売買は、「商品の受け渡し」と「代金の受け渡し」という2つの行為に過ぎませんが、売り手、買い手どちらにおいても会社の基本業務であることから、きちんとしたプロセスを踏んで取引が行われます。

　その際、各プロセスにおいて間違い等がおきないよう、必要な文書を取り交わし、取引の証拠とします。

　一般的に、商品売買に関連し、売上側と仕入側で**図表1-2**のような書類が順次発行されます。

　これらは会社間でやりとりする書類ですが、そのほか社内業務を円滑に進めるため、業務プロセスの規則を設け、稟議書、出荷依頼書、入出庫伝票、購入依頼書、売上／仕入伝票など、必要に応じいくつかの統一帳票類を使用します。

　これらの伝票のうち、商品名や商品番号、数量、金額など、共通する内容が記されることが多い納品書や受領書、請求明細書などは、まとめて記入できるよう、複写式のものがよく用いられます。

吉田先生の実務コラム

高く売れたら危ない！①

　ゆえあって親しくさせていただいていた、Q県の某卸問屋が、その問屋より規模の大きい問屋から、「C」という商品の注文を受けました。

　価格も、それまでに従来得意先に卸していたものよりも少し高い価格で通りました。

　社員が「信用調査が必要ではないか？」との進言を社長にしましたが、「あの老舗がつぶれるわけがない」と一笑に付されました。

　その「C」の注文量が次第に増え、社長さんが「『C』というのは随分と使われているのだね。我々の不勉強だ」と言っていました。

●図表1-2

証憑名	発行者 販売側	発行者 仕入側	内容
①見積依頼書	←	○	商品やサービスの料金・代金を知りたい時に、販売者または提供者に対して、その価格や代金の算出を依頼する文書です。
②見積書	○	→	販売を請けた側が、その仕事を達成するためにどれくらいの価格、期間になるかを計算して、依頼主（仕入側）に提出する書類です。依頼主は見積書の内容から、仕事や製品を発注するか否かを判断することができます。
③注文書	←	○	取引をする際に交わす契約書のひとつで、発注者（仕入側）が受注者（販売側）に渡す文書です。注文書には品名、数量、納期、支払期日といった契約条件が記されています。本来の契約書とは異なり、多くの場合、必要最低限のことが書かれており、基本契約書を既に交わしている取引相手との取引、条件が簡単な取引の場合に注文書を用います。
④注文請書	○	→	注文請書は注文書と一対で用いられ、発注者が注文書を受注者（販売側）に渡したのを受け、受注者が申し込みを承諾したことを証明する書類です。注文請書を発注者に渡すことで契約が成立します。
⑤納品書	○	→	商品を取引先（仕入側）に納入する際に、商品の明細、数量、単価、合計金額を記して取引先に伝えるための文書です。納品書には、納品する相手の名前、納品書を発行した日時及び納品した日時、納品書を発行した者の名前と連絡先、項目、単位、単価、数量、合計額、消費税額などを記載します。
⑥受領書	←	○	商品を受け取った者が、引き渡した者に対して引き渡したことを証明する文書です。受領書には、相手の名前、受領書を発行した日時、受領書を発行した者の名前と連絡先、品物の名称などを記載します。（通常、金額は記載しません。）また、受領書と似た書類に、受け取った商品の内容に問題がないかどうか確認したうえで発行する「検収書」もあります。
⑦請求書	○	→	納品したものに対する代金を要求する文書です。商品納品ごとに代金を請求する取引先である場合は、納品書兼請求書を渡し、納品書と請求書を1度で済ませる方法もあります。
⑧領収書（証）	○	→	金銭の支払いを受けた者（売上側）が、支払った者（仕入側）に対して支払ったことを証明する文書です。銀行振込による支払いの場合には、領収書の発行を省略するケースが多いです。

1-3 売上の認識

　商品の受注・販売や発注・仕入といった「モノ」に関する業務は、それぞれ専門の部署が中心となって行いますが、経理部門は、それに伴って発生する仕入・売上の計上、代金の支払い、売掛金の回収状況チェックと記帳、およびこれらの業務の決算書への反映といった作業を行います。

　金銭面、会計面どちらにおいても、毎月とても大きな金額が動きますので、間違いが起きないような管理が、これらを取りまとめる経理部門に求められます。

　経理部門の業務として、まず売上計上があります。
　売上は、商品や役務が提供された時点で認識されます。
　これを「実現主義」といいます。
　商品を販売する場合は、具体的に**図表1-3**のような売上計上基準があります。

吉田先生の実務コラム

高く売れたら危ない！②

　その量があまりに多いので、メーカーが心配し、ロット番号の追跡調査をしたところ、他県にあるディスカウントストアで、卸価格の3分の2の価格で売られていました。

　その連絡が、某問屋に届いたときは、その老舗の大卸問屋は「計画倒産」をし、全財産を換金して行方をくらませました。

　後日の調査で判明したのですが、その某卸業者が出荷した「C」の量は、全Q県民が1か月に使用する量をはるかに超えていたそうです。

教訓：高く売れて喜んではいけない。回収できるまでが仕事です。

●図表1-3

商品販売の流れ	計上基準	計上する日	内容
①注文を受ける	（なし）		
②出荷する	出荷基準	自社の倉庫から出荷した日	商品等を出荷した日を売上計上日とする方法で、最も一般的な方法。どの段階をもって出荷とするかの社内基準を作る必要があります。
③商品を引渡す	引渡基準	相手先より受領した受領書の日付	相手方へ商品を引き渡したという事実をもって売上計上する方法。
④検収を受ける	検収基準	検収確認書の日付	相手方が商品の品質・規格等の検査をし、検収合格してはじめて売上計上する方法。据え付けや試運転の必要な大型機械などに適用されます。
⑤代金を請求する	（なし）		②～④の締切に合わせて1月分の合計請求書を作成することはありますが、特に「請求基準」というものはありません。
⑥代金を回収する	回収基準	代金を回収した日付	代金回収が長期にわたる割賦販売など、特殊な業態にのみ例外的に認められている方法です。

※売上の計上基準には、業種・業態によってはこの外にもさまざまなものがあり、それぞれの会社の事情にあった計上基準が採用されます。
　ただし、利益操作や租税回避を防ぐため、その会社がいったん採用した計上基準は、原則として毎期継続して適用しなければなりません。

1-4 売上計上の会計処理（1）

❶ 仕訳

　一般的に、小売業や卸売業では、売上の多くは商品を納めてから後日代金を受け取る掛け取引によって行われています。

　また、消費税法の「課税売上」にあたる場合には、売上代金の 8/108 相当額を、消費税として納付することになりますので、売上計上の際に処理の必要がでてきます。

　消費税の処理には「税込経理方式」と「税抜経理方式」があります。

　たとえば、1,000 円の商品を消費税込みで 1,080 円で売り上げた場合、それぞれの方式による仕訳は**図表 1-4-1** のようになります。

　処理の手間としては「①税込経理方式」のほうが簡単ですが、正確な「損益」を把握するという点からは「②税抜経理方式」のほうが好ましいといえます。

　ただし、「税抜経理方式」を取っている場合でも、会計ソフトに「税込方式」で入力すれば、自動的に「税抜方式」に変換される便利な機能も備わっています。

❷ 会計処理のタイミング

　仕訳は、それぞれの計上基準に応じ、必要な証憑類が届いた時点で起こします。（**図表 1-4-2** を参照）

　ただし、販売先や販売件数・回数が増えると、処理の手間が増えてしまいます。

　そこで、日々の取引は販売業務を統括している営業部門が販売データとして記録しておき、毎月締切日に 1 ヶ月分の集計データと帳票類を経理部門に送付し、経理部門が 1 ヶ月分まとめて会計処理する、という方法を取っている会社も数多くあります。

このように一括処理をする方法を「バッチ処理」といいます。

●図表 1-4-1

	借方科目	金額	貸方科目	金額
①税込経理方式	売　掛　金	1,080	売　　　　上	1,080
②税抜経理方式	売　掛　金	1,080	売　　　　上 仮 受 消 費 税	1,000 80

●図表 1-4-2

基準	会計処理のタイミング	証憑類
出荷基準	商品を出荷した時点	出庫伝票、出荷依頼書など
引渡基準	商品の引渡しを確認した時点	納品書（控）、受領書など
検収基準	相手の検収を確認した時点	検収書など

吉田先生の実務コラム

驕る平家は久しからず①

　前回紹介しました、Q県の某問屋の社長さんが、担当者とある得意先に集金に行きました。

　個室に案内され、「少々お待ちください」と言われ、担当者と社長さんは待っていました。

　1時間たっても何の音沙汰もないので、社長が担当者に「何か変わったことがあったのかもしれないから確認して来い」といったところ、担当者が「社長、ここはいつでも2時間は待たされますよ。まだ1時間ですからあと1時間はかかると思います」と返事をしました。

　支払条件は90日サイトの約束手形です。

　現金支払なら、金策に走り回る可能性はあります。

　約束手形は、今、手元に金があるかないかは無関係に、振り出せます。

1-5 売上計上の会計処理（2）

❸ 締切日と決算

　会社は、月次決算のタイミング、取引先の締切日に合わせる必要性など、さまざまな事情から、月末以外の締切日を設けている場合もあります。

　しかしながら決算は月末締切が原則です。

　したがってこの場合、販売関連データの集計値を月末締切で再計算するよう、調整の必要がでてきます。

　たとえば、売上関連の締切日を 20 日とし、前月 21 日から当月 20 日までのデータを毎月集計している場合、正しい決算を行うには、20 日締切のデータに、当月 21 日から月末までの分を追加し、逆に前月 21 日から月末までの分を控除する必要があります。（**図表 1-5** を参照）

　しかし、社内のさまざまな活動が締切日に合わせて行われているなかで、毎月決算のためだけにデータを集計し直すのは、あまり効率的とはいえません。

　そこで、期首および期末のみこの調整を行い、期中においては 20 日締切のデータを決算値とする方法が一般的に行われています。

●図表1-5

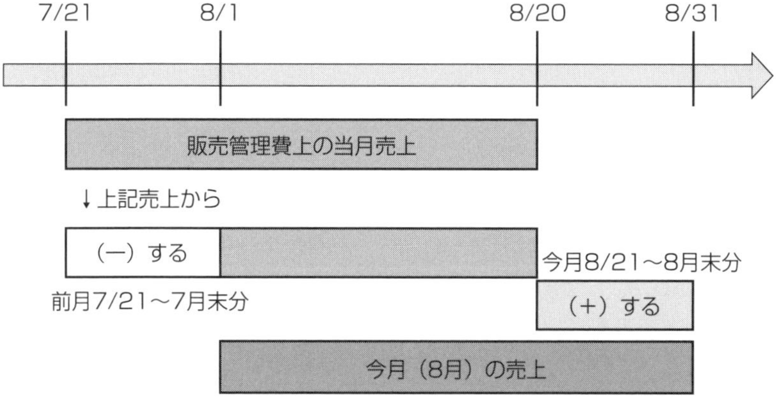

```
    7/21        8/1                  8/20       8/31
─────┼──────────┼───────────────────┼──────────┼──────→
```

販売管理費上の当月売上 （7/21～8/20）

↓上記売上から

（一）する　前月7/21～7月末分

今月8/21～8月末分　（＋）する

今月（8月）の売上

吉田先生の実務コラム

驕る平家は久しからず②

社長「うちだけに待たせるのか？」。
担当者「いえ、集金に来た人全員が2時間待たされます」

　結局丁度2時間後に、約束手形を集金できました。

　その帰路、社長が「約束手形を支払うのに2時間待たせる理由はどこを探してもない。前日に用意して、集金に来た人に、領収証と交換に渡せば、一人3分もあれば十分だ。こんなことをする企業は必ず潰れる。卸価格を上げて、撤退しろ」と担当者に命じました。

　その半年後、この「待たせ企業」は倒産したそうです。

　待たせた理由が素晴らしい。

　俺たちが買ってやっているのだから、2時間くらい待って、集金できる幸せを噛みしめろ。だったそうです。

①-6 代金の請求

　商品等を販売しただけでは販売は完了しません。

　販売代金を回収してはじめて完了します。

　代金を回収するまでは現金が入らず、その間現金が足りなければ、給与、仕入代金の支払いができないということです。

　いくら売上が多くとも、代金の回収ができなければ、会社活動ができなくなります（いわゆる黒字倒産）。

　販売した商品の代金を確実に回収するということは、会社にとって非常に重要です。

　商品を得意先に引き渡したら、事前に取り決めていた回収条件に従い、代金の請求をします。

　請求書は、納品書（控）や出荷指示書、売上伝票などをもとに作成して、得意先に送付します。（**図表 1-6** を参照）

吉田先生の実務コラム

仕入と売上は対等！①

　次に紹介するのは、私自身の体験です。

　あるとき、自社の最大の得意先（総売上の 37％を占めていました）へ、商品開発の説明に同行するよう担当営業から要請があり、午前 9 時前に、当該得意先のビルに到着し、商談用待合室に行きました。

　待合室は商談希望者でいっぱいです。

●図表 1-6

<合計請求書の書式例>

<table>
<tr><td colspan="6" align="center">請　求　書</td></tr>
<tr><td colspan="3">株式会社 A 社　御中</td><td colspan="3" align="right">平成 X6 年 8 月 31 日</td></tr>
<tr><td colspan="3">下記のとおり御請求申し上げます</td><td colspan="3" align="right">B 株式会社</td></tr>
<tr><td>前月請求額</td><td>入金額</td><td>繰越額</td><td>当月請求額</td><td colspan="2">合計請求額</td></tr>
<tr><td>10,740,240</td><td>10,000,000</td><td>740,240</td><td>11,198,304</td><td colspan="2">11,938,544</td></tr>
</table>

請求明細書

月　日	金額（消費税抜）	摘　要
8月1日	2,634,200	
8月8日	2,634,200	
8月15日	2,567,000	
8月23日	2,533,400	
合　計	10,368,800	
消費税額（8.0%）	829,504	
合計（消費税込）	11,198,304	

　合計請求書は、前月の締切日から当月の締切日までの間に計上された売上について、集計して請求します。

　上記請求書による売上計上の仕訳例は下記のようになります。

　　8/31　売掛金㈱A社　11,198,304　／　売　　　　上　10,368,800
　　　　　　　　　　　　　　　　　　　／　仮 受 消 費 税　　829,504

1-7 売掛金の回収

　売掛金管理は、会社の中で経理部門が中心となって行いますが、実質的には販売代金の請求から現金を回収するまでの管理、記帳が中心です。
　営業部門との連携も大切になります。
　「いつ・何を・どれだけ・いくらで・だれに販売したか、いつ回収する予定か」ということを、常にわかるようにしておくために「売上台帳」や「売掛金台帳」、「得意先元帳」など会社のスタイルに合わせた補助簿を用います。

　売掛金回収の方法としては、「現金」「銀行振込」「小切手」「手形」などがあり、会社間の売買契約によって、そのいずれかを決定します。
　最近では、事務作業の効率化、安全性の確保、手形に貼る収入印紙代の節約などの理由から、「銀行振込」にするケースが増えています。

　得意先から、代金を回収したら、仕訳をして記帳します。上述したように回収の方法はさまざまですが、いずれの場合も「売掛金」（資産）が減少し、「現金・預金・手形」（資産）が増加するという仕訳になります。（**図表 1-7 を参照**）

●図表1-7

回収方法	借方科目	金額	貸方科目	金額
銀行振込	普通預金 支払手数料[1]	××× ×××	売掛金	×××
小切手	現金[2]	×××	売掛金	×××
手形	受取手形	×××	売掛金	×××

[1] 銀行振込の場合、振込手数料が差し引かれて入金されることがあります。その場合、売掛金の金額（請求額）と入金額が違ってきますので、上記の仕訳を行って売掛金の消込を正しくすることに注意します。

[2] 他人振出の小切手を受け取ったときは「現金」勘定で処理します。すぐに銀行預金に預け入れた場合にも現金勘定を通しておくことを薦めます。

> **吉田先生の実務コラム**
>
> ### 仕入と売上は対等！②
>
> 私「いつもこうなの？」。
> 担当者「はい、いつも2時間待たされます」。
> 私「それでは10時45分に来たらどうなの？」。
> 担当者「いえ、9時に来ていないと商談してくれないのです」
>
> 　それを聞いた瞬間、私は、この得意先との取引は見直した方がいい。緊急な対策が必要だと直感しました。
>
> 　帰社して一番に社長に経緯を伝え、対策が必要です、と進言しました。
>
> 　しかし、自社の売上の37％を占める企業から撤退することは容易ではありません。
>
> 　その1年後に、某大型スーパーに、その得意先が吸収合併されることが発表され、胸をなでおろしました。

1-8 小切手・手形を受け取った場合の取扱いと注意点

　手形や小切手は、現金の代わりとして債権の回収や債務の支払に利用され、商取引に不可欠となっています。
　しかし、すぐに現金化されるわけではないので注意が必要です。

【受取小切手】

- 小切手に記載されるべき要件がきちんと満たされているかをチェックします。
- 紛失・盗難を避けるため、厳重な現品管理が必要です。
- 支払呈示期間（10日）を過ぎると支払われないことがありますから、受け取った小切手は早めに銀行に預けて、取立依頼をします。
- 銀行に取立依頼をするとその場で預金通帳に記帳されますが、実際に資金化されるのは3日程度あとになりますので、資金繰りには注意が必要です。
- 横線を引いてなければ、ただちに引きましょう。

【受取手形】

- 手形に記載されるべき要件がきちんと満たされているかをチェックします。
- 裏書手形を受け取った場合、「裏書の連続」が「可能且つ重要な」確認事項です。
- 小切手と同様、紛失・盗難を避けるため、厳重な現品管理が必要です
- 手形を資金化するには、次の3つの方法があります。
    ①銀行に取立てを依頼して、期日に入金する。
    ②裏書をして仕入代金等にあてる。
    ③銀行に利息を支払って現金を入手する（手形割引）。

●手形に関しては、「受取手形記入帳」等を作成して管理を徹底することが重要です。銀行に取立てを依頼するため「受取手形取立帳」というものがあり、この「帳」に記載して受取手形を銀行に持ち込めば、銀行で受領印を押してくれます。手形割引をしない場合には、この「取立帳」が「記入帳」を兼ねてくれます。

●「不渡り」に注意しましょう。

　期日に手形が決済されない場合、「不渡り」となり、6ヶ月間に2度起こすと、振出人は銀行取引停止処分となり、事実上の倒産となります。不渡りになると、受取人は期日に資金を受け取れなくなります。すでに割り引いた手形であっても、当社が銀行から買い戻さなければなりません。

　受取手形を振出人からもらったものではなく、裏書譲渡により入手したものであれば、裏書譲渡人に対し、手形の買戻しを請求することができます。

　したがって、手形で代金をもらうのは、信用のある取引先に限定すべきでしょう。

吉田先生の実務コラム

仕入と売上は対等！③

　お客様志向を全社員が徹底的に身につけると、仕入先に対しても、どうすれば喜んでもらえるかを自然に考えるようになります。

　お客様だけには顧客志向で接し、仕入先には、ぞんざいに接するという器用なことはできません。仕入先に対してぞんざいに接する人は、お客様に対してもどこかでその態度がでます。

　そして、お客様がそのことに気づき、2度とその店で買い物をしないと決心します。

　そして、その企業は倒産します。

　仕入と売上は対等です。上下関係ではありません。

2-1 仕入業務の全体像

「売掛金管理」の章で見たように、商品卸売業において商品を販売し「売上」をあげるためには、その前提としてその商品を外部から購入しなければなりません。このように販売のための商品を購入することを「仕入」といいます。

この「仕入」に関係する業務も、前章で見た「売上」と同じくその会社の業種や規模などによってさまざまですが、商品卸売業における大まかな流れは以下のようになります。

①仕入先の会社に商品を注文する
②仕入先より商品を受け入れ、検収する（※）
③仕入先から請求書が届き、内容を確認する
④請求書に基づき、仕入先へ代金を支払う
⑤受け入れた商品の在庫管理を行う（入出庫記録、実地棚卸など）

より具体的な仕入業務の全体像は**図表 2-1** のようになります。

※商品を仕入れるときは、物やサービスがあらかじめ発注していたものと一致しているかを確認する作業が重要なポイントです。具体的には、注文書どおりの価格、数量、品質、納期、納入先などが一致しているかなどです。また設備導入などでは、正常に作動するかどうかの検査も必要です。検査してから受け取ることを「検収」といいます。

第3章　派遣社員のための経理実務

●図表2-1

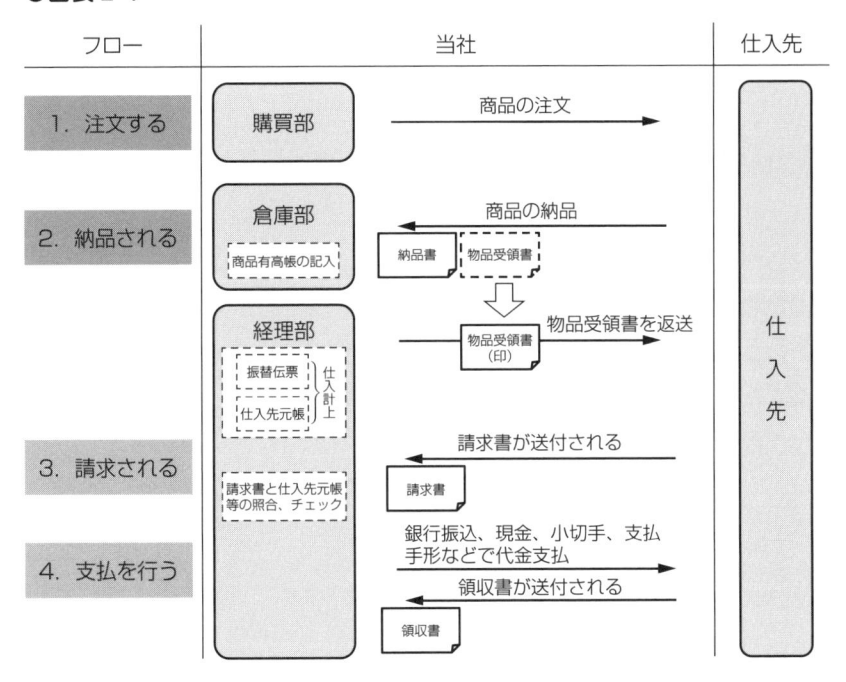

フロー	当社		仕入先
1. 注文する	購買部	→商品の注文→	仕入先
2. 納品される	倉庫部 商品有高帳の記入	←商品の納品← 納品書／物品受領書 物品受領書（印）→物品受領書を返送	
	経理部 振替伝票／仕入先元帳（仕入計上）		
3. 請求される	請求書と仕入先元帳等の照合、チェック	←請求書が送付される← 請求書	
4. 支払を行う		→銀行振込、現金、小切手、支払手形などで代金支払→ ←領収書が送付される← 領収書	

> **吉田先生の実務コラム**
>
> ### 仕入れる側の心構えとは？①
>
> 　仕入れ担当者が、「買ってやる」との驕る心で発注している企業はいずれ倒産します。
> 　一見、金を払う方が上位に感じられますが、いざとなると（品不足、天変地異等）売り手の方が上位です。どの企業に優先的に売り、どの企業に対して「品物がありません」というかは、売り手の勝手です。

②-2 仕入計上

❶ 仕入の認識

　仕入計上のタイミングについては、売上の場合と同様に「(売主の) 出荷基準」「受取基準」「検収基準」「支払基準」などの方法があります。毎期継続して同じ基準を採用することは当然です。

　このうち、商品などが納品され、検収が完了したときのタイミングで仕入を計上することが、会計慣行として行われています。

　ただ実務では、仕入先からの納品書（検収済みのもの）に基づいて1ヶ月分をまとめて仕入計上するのが一般的です。その場合は、請求書の照合が終わったタイミングで計上します。

❷ 請求書の照合

　注文した品物を納入すると、仕入先から経理部門に請求書が送られてきます。経理部では、送られてきた「請求書」の金額が正しいものか検証する必要が生じます。通常は、納品書などと突き合わせて照合しますが、受入のつど登録している購買システムや在庫システムがあれば、そのデータとも照合します。

　検収データに基づく仕入計上が原則ですが、この請求書に基づいて仕入計上を行う方法もあります。

　具体的な請求書のチェックポイントについては、**図表 2-2** を参照ください。

第3章 派遣社員のための経理実務

●図表 2-2

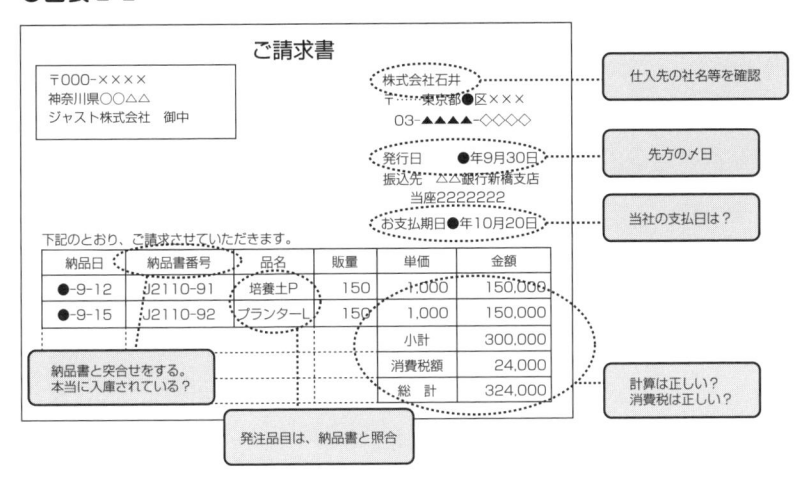

```
                    ご請求書
 〒000-××××                    株式会社石井
 神奈川県○○△△                  〒東京都●区×××         仕入先の社名等を確認
 ジャスト株式会社 御中          03-▲▲▲▲-◇◇◇◇

                                発行日 ●年9月30日       先方の〆日
                              振込先 △△銀行新橋支店
                              当座2222222
                              お支払期日 ●年10月20日    当社の支払日は？
 下記のとおり、ご請求させていただきます。
```

納品日	納品書番号	品名	販量	単価	金額
●-9-12	J2110-91	培養土P	150	1,000	150,000
●-9-15	J2110-92	プランターL	150	1,000	150,000
				小計	300,000
				消費税額	24,000
				総 計	324,000

- 納品書と突合せをする。本当に入庫されている？
- 発注品目は、納品書と照合
- 計算は正しい？消費税は正しい？

吉田先生の実務コラム

仕入れる側の心構えとは？②

　私が仕入を担当している時に、よくメーカー（売り手）から言われたことは、「機械は故障することがあります」という言葉です。つまり、あまりに無理難題を押しつけると、出荷量制限をしますよ、ということです。

　私が仕入担当の辞令を受けた時、辞令を出した社長の言葉は「君が会社の中で一番安く仕入れることができそうだからではなく、君が一番、公私混同をしないと思うからだ。これをよく覚えておけ」と言われたことが懐かしく思い出されます。

2-3 仕入計上の会計処理

　一般的に、企業間の取引は「掛取引」によって行われており、仕入による債務は「買掛金」に計上します。

借方科目	金額	貸方科目	金額
仕　　　入	×××	買　掛　金	×××

　なお、仕入に伴って発生した商品の引取運賃などの「諸掛り」は、「経費」として処理せずに、「仕入原価」に含めます。
　消費税法上「課税仕入」に該当するものは、次のように処理します。

例　商品を1,080円で仕入れた（消費税率8％）

	借方科目	金額	貸方科目	金額
①税込経理方式	仕　　　入	1,080	買　掛　金	1,080
②税抜経理方式	仕　　　入 仮 払 消 費 税	1,000 80	買　掛　金	1,080

　売上と同様、仕入においても「締日」と「決算日」の調整が必要です。仕入先の請求書に基づいた処理をしている場合、結果として、仕入先の締切日にあわせた仕入計上が、毎月行われることになります。その場合は、期末月において、締切日から月末までに納品したものを調べ、修正仕訳を行います。

第3章 派遣社員のための経理実務

●図表 2-3　請求書の例（合計請求書）

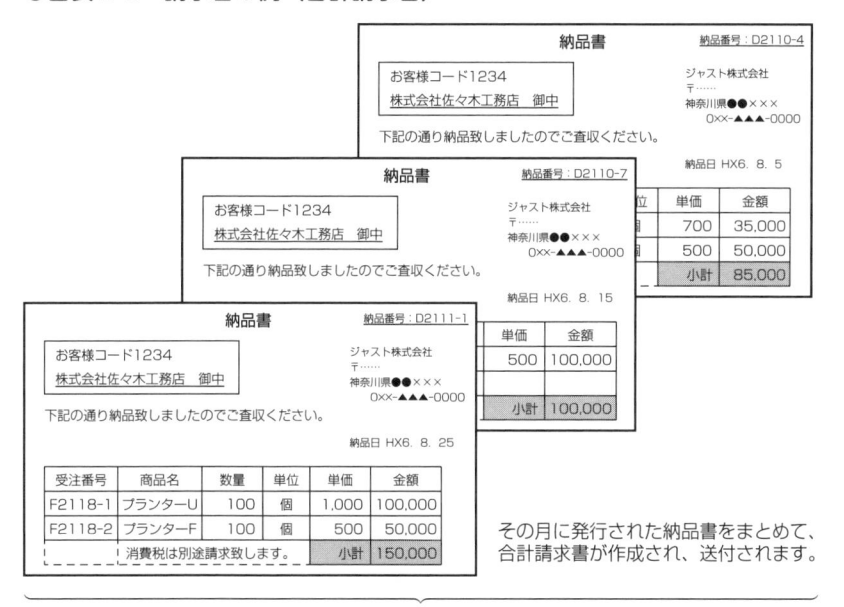

```
納品書                                納品番号：D2110-4
  お客様コード1234                    ジャスト株式会社
  株式会社佐々木工務店　御中           〒……
                                      神奈川県●●×××
下記の通り納品致しましたのでご査収ください。  0××-▲▲▲-0000

                                      納品日 HX6. 8. 5

納品書                                納品番号：D2110-7
  お客様コード1234                    ジャスト株式会社
  株式会社佐々木工務店　御中           〒……
                                      神奈川県●●×××
下記の通り納品致しましたのでご査収ください。  0××-▲▲▲-0000

                                      納品日 HX6. 8. 15

         単価    金額
         700    35,000
         500    50,000
         小計   85,000

納品書                                納品番号：D2111-1
  お客様コード1234                    ジャスト株式会社
  株式会社佐々木工務店　御中           〒……
                                      神奈川県●●×××
下記の通り納品致しましたのでご査収ください。  0××-▲▲▲-0000

                                      納品日 HX6. 8. 25

         単価    金額
         500   100,000

         小計  100,000
```

受注番号	商品名	数量	単位	単価	金額
F2118-1	プランターU	100	個	1,000	100,000
F2118-2	プランターF	100	個	500	50,000
消費税は別途請求致します。				小計	150,000

その月に発行された納品書をまとめて、合計請求書が作成され、送付されます。

合計請求書

　　　　　　　　　　　　　　　　平成×6年8月31日
　　　　　　　　　　　　　　　　No0000204
株式会社佐々木工務店　御中　　　ジャスト株式会社
ご請求額　￥361,800-　　　　　　〒……
上記、ご請求申し上げます。　　　神奈川県●●×××

摘要	金額	備考
前月ご請求額	250,000	
当月入金額	250,000	
別紙（納品書税抜き）3枚	335,000	
消費税8%	26,800	
当月お買上げ額	361,800	
当月ご請求額	361,800	

※合計請求書を実務では「鑑（かがみ）」と呼びます。

2-4 代金の支払（1）

❶ 支払方法

　仕入代金の支払いは、売買基本契約書に定められた支払方法・支払サイトによります。

　支払方法は、現金・銀行振込・小切手・手形などがありますが、最近では、事務作業の効率化、安全性の確保、手形に貼る収入印紙代の節約などの理由から、「銀行振込」にするケースが増えています。銀行振込では、会社から直接、データを送信できる「ファームバンキング」や「インターネットバンキング」の利用も増えています。

　「ファームバンキング」については、**図表 2-4** を参照ください。

吉田先生の実務コラム

経理は発注に関わるな!?①

　商品を仕入れる目的は、販売するためです。

　そこで、何をどれくらい仕入れるかを決める最大の要素は、販売先（顧客）の注文にいつでも応じて、決して「品切れ」を起こさないことです。といっても置き場所には制限があるし、仕入れた商品代金は支払わなければなりません。

　そこで、無制限に仕入れてもよい、とはなりません。

　この、「品切れをしない」ということと、「置き場所、支払うお金には制限がある」という相反することを同時に解決するために考えだされたのが「定期発注」と「定量発注」という発注量計算方式です。

　このような方法で計算された発注量を相手に伝える方法がいろいろあります。

　FAX、メールの添付ファイル、データ伝送等です。（電話での発注は、証拠が残らないので避けましょう）

第3章 派遣社員のための経理実務

● 図表 2-4-1　ファームバンキング利用メリット

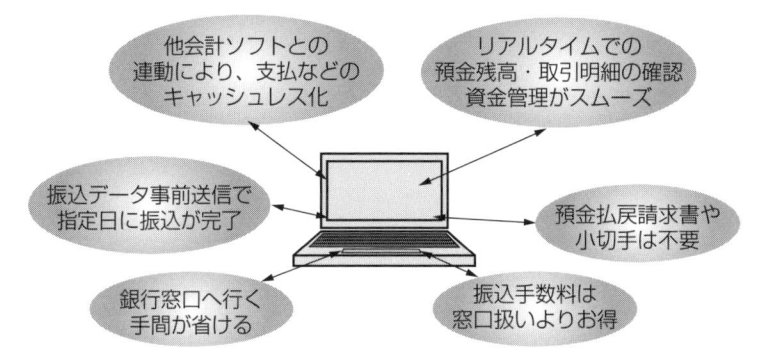

- 他会計ソフトとの連動により、支払などのキャッシュレス化
- リアルタイムでの預金残高・取引明細の確認　資金管理がスムーズ
- 振込データ事前送信で指定日に振込が完了
- 預金払戻請求書や小切手は不要
- 銀行窓口へ行く手間が省ける
- 振込手数料は窓口扱いよりお得

● 図表 2-4-2　ファームバンキングを使用した支払業務の流れ

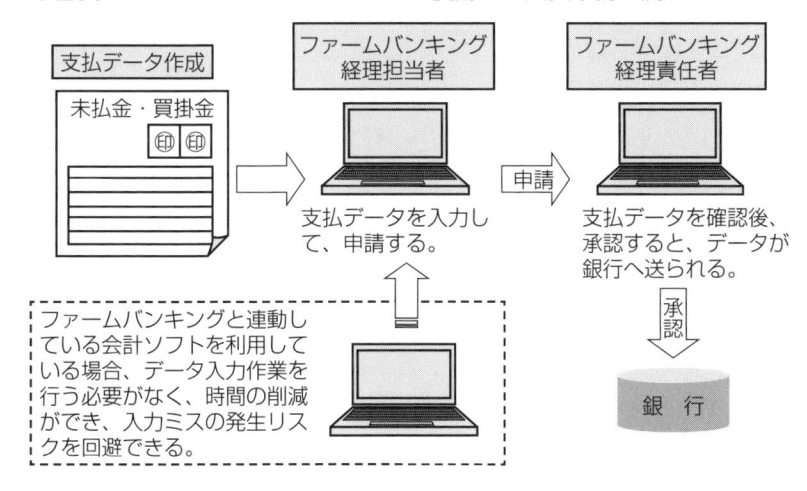

支払データ作成　未払金・買掛金

ファームバンキング経理担当者：支払データを入力して、申請する。

申請

ファームバンキング経理責任者：支払データを確認後、承認すると、データが銀行へ送られる。

承認 → 銀行

ファームバンキングと連動している会計ソフトを利用している場合、データ入力作業を行う必要がなく、時間の削減ができ、入力ミスの発生リスクを回避できる。

Point

ファームバンキングやインターネットバンキングは、送信したデータの修正はできないので注意して取り扱いましょう！

2-5 代金の支払（2）

❷ 支払手形のポイント

　手形は、将来の特定の日に特定の金額を支払う旨を約束した一種の有価証券として、流通します。

【手形振出時の注意点】

　手形は、支払手段として現金に近い性格をもっていますので、作成・発行する（振り出す）部署では、事故や不正が起きないよう厳重な管理が必要です。

①手形用紙は、決まった作成者が管理し、他の人には触らせないようにします。
②銀行届出印の保管は、手形の作成者とは別の人が行うようにします。
③手形金額の記載は、チェックライターを使用します。チェックライターがない場合には、手書きにて漢数字で記載します。
④書き損じの手形は廃棄せず、所定の場所に保管するようにします。
⑤支払手形は相手先からの「領収書」または「受領証」と引き換えに交付するようにします。

【手形振出後の注意点】

　手形はひとたび振り出されると、振出人は支払期日に支払う義務が生じ、手形決済のための資金を準備しておく必要があります。

　手形の期日に当座預金口座の残高がないと、手形が「不渡り」になり、半年で2回出すと銀行取引停止処分となり、事実上倒産してしまうというリスクがあります。したがって、手形を振り出す際には、資金管理にも十分注意を払わなくてはいけません。

　そのため、手形を振り出した時点で、「いつ」・「どの銀行で」・「いくらの手形を決済するか」補助簿を作成して把握し、期日にきちんと決済できるよう、管理することが重要です。

第 3 章　派遣社員のための経理実務

● 図表 2-5　約束手形の記入例

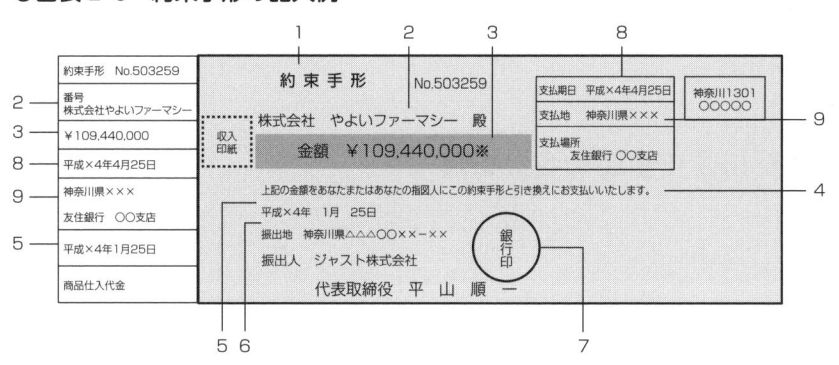

```
                        1       2        3           8
  約束手形  No.503259                                     支払期日  平成×4年4月25日    神奈川1301
  番号                    約 束 手 形    No.503259          支払地   神奈川県×××      ○○○○
  株式会社やよいファーマシー       株式会社 やよいファーマシー 殿     支払場所
  ¥109,440,000    収入                                   友住銀行 ○○支店
                 印紙      金額  ¥109,440,000※
  平成×4年4月25日
                       上記の金額をあなたまたはあなたの指図人にこの約束手形と引き換えにお支払いいたします。
  神奈川×××          平成×4年 1月 25日
  友住銀行　○○支店      振出地  神奈川県△△△○○××-××      銀
                       振出人  ジャスト株式会社             行
  平成×4年1月25日                                         印
                               代表取締役 平 山 順 一
  商品仕入代金
                       5 6                             7
```

1. 約束手形であることを示す文字	統一手形用紙には、はじめから印刷されています。
2. 受取人の名称	手形を渡す相手を記載します。
3. 手形金額	チェックライターで刻印するか、漢数字で記載します。
4. 支払い約束文句	振出人が手形の所持人に対して手形金額の支払いを約束する文言です。
5. 振出日	手形を振り出した日付を記載します。
6. 振出地	通常、法人の所在地です。
7. 振出人の記名・押印	一般的には記名・押印。（法律上は署名でも可。）
8. 支払期日	支払日（満期日）を記載します。
9. 支払地	支払義務を負う人の所在地（通常は、支払場所として銀行名まで記載します。）

2-6 買掛金管理業務

❶ 買掛金支払時の会計処理

買掛金を支払ったら、仕入計上の際に貸方に計上した「買掛金」を借方に取り崩す仕訳を起票します。

	借方科目	金額	貸方科目	金額
銀行振込の場合	買　掛　金	×××	普　通　預　金	×××
小切手で支払う場合	買　掛　金	×××	当　座　預　金	×××
手形で支払う場合	買　掛　金	×××	支　払　手　形	×××

また、手形の期日が到来して決済された場合は、次の仕訳となります。

	借方科目	金額	貸方科目	金額
当座預金にて決済	支　払　手　形	×××	当　座　預　金	×××

❷ 買掛金の管理

買掛金は、商品を現金以外で仕入れた場合に発生し、支払によって消滅します。

支払はそれぞれ相手先との取引基本契約書に基づいて行われますが、支払日をうっかり見過ごしてしまうと相手に多大な迷惑を与えてしまいますし、また、異なる支払条件のもとで、たまたま同じ日に支払が集中してしまいますと、資金不足になる恐れもあります。

このようなリスクを回避するために、仕入高、支払予定日、支払予定額などが一目でわかるような台帳を作成しておくことが重要です。支払手形がある場合は、前項で説明した手形の期日とあわせて資金管理をします。

台帳の具体例としては、**図表2-6**のようなものがあります。

●図表 2-6

買掛金支払予定表 平成 x4 年 11 月分

支払先	当月支払	支払予定					
^	^	月日	現金	小切手	振込	手形	手形満期日
ABC㈱	1,500,000	11月20日		1,500,000			
いろは㈱	360,000	11月20日				360,000	1月20日
△物産	800,000	11月30日		800,000			
XYZ㈱	2,400,000	11月30日			1,200,000	1,200,000	1月31日
○商事	600,000	11月30日	300,000		300,000		
合　計	5,660,000		300,000	2,300,000	1,500,000	1,560,000	

2-7 棚卸資産と在庫管理

　棚卸資産とは、企業の将来の生産活動や販売活動のために保有している資産のことで、原材料や製品、商品、半製品、仕掛品などがあり、一般に、在庫と呼ばれるものです。

　企業は顧客からの注文にいつでも対応できるよう、倉庫に製品の在庫や、仕入れた商品の在庫を持っています。在庫が少ないと、顧客の要望に十分対応できず、販売の機会を逃すことになります。これを「機会損失」といいます。

　逆に顧客の要望に応えようと過剰な在庫を持つと、在庫費用を増加させることになります。そればかりでなく、入庫すなわち仕入れたときに支払った資金は、出庫すなわち販売するまで回収できませんから、在庫品がある間は資金が眠っていることになります。つまり、在庫が大きくなるほど資金繰りが厳しくなるということです。

　商品の仕入れ、販売、在庫管理はお互い密接な関係があるといえます。

　したがって、企業は在庫量を常に把握し、発注のタイミングと発注量をうまくコントロールしながら、経済的に在庫を管理することが重要です。

吉田先生の実務コラム

経理は発注に関わるな!?②

　ここでは、「データ伝送」について解説します。

　発注担当者が計算した数量を、仕入先コード、商品コード、納入指定日とともにコンピュータに入力し、仕入先毎に伝送します。

　仕入先では、そのデータを「ターンアラウンド伝票」という共通の伝票にプリントアウトします。

　データが伝送されたということは、その仕入先のコンピュータには、「売上」として入力されているということです。

●図表 2-7　棚卸資産とは

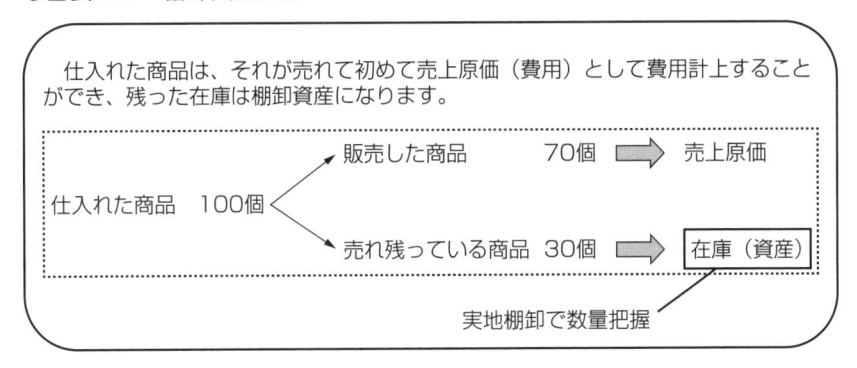

　仕入れた商品は、それが売れて初めて売上原価（費用）として費用計上することができ、残った在庫は棚卸資産になります。

```
仕入れた商品　100個 ┬─→ 販売した商品　　　70個 ⇒ 売上原価
                    └─→ 売れ残っている商品 30個 ⇒ 在庫（資産）
                                                    ↑
                                               実地棚卸で数量把握
```

吉田先生の実務コラム

経理は発注に関わるな!?③

　日商簿記3級では、いきなり、「〇〇商店から商品￥100,000を仕入れ、代金は掛けとした」と出題されますが、実務では、それ以前にこのように重要な仕事があります。

　ここで紹介した業務には、原則として経理は関わりません。なぜなら、経理には、通常、目標売上高達成の責任がないので、経理が発注作業をすると、資金繰りを楽にするために、発注量を少なくし、品切れを起こすリスクが高くなるからです。

②-8 月末棚卸時の処理

月末には、倉庫部にて実地棚卸が行われます。

①棚卸原票（商品A分）

棚卸原票	原票番号	No.08-001
	実施場所	横浜
	棚番号	A-1

実施日時	20×2年8月31日
商品名	商品A
商品コード	A-123
数量（良品）	15
数量（不良品）	0
単位	個
摘要	

担当者①	佐藤明雄㊞	14：30
担当者②	田中正人㊞	20：15
チェック	山口弘㊞	21：40
その他		

棚卸原票	原票番号	No.08-002
	実施場所	横浜
	棚番号	A-2

実施日時	20×2年8月31日
商品名	商品A
商品コード	A-123
数量（良品）	10
数量（不良品）	0
単位	個
摘要	

担当者①	佐藤明雄㊞	14：30
担当者②	田中正人㊞	20：15
チェック	山口弘㊞	21：40
その他		

商品Aの数量は合計25個

　商品在庫について、上記のように保管場所ごと、商品ごとに棚卸原票が作成されます。
　これらの原票をさらに集計し、まとめたものが棚卸集計表です。

②棚卸集計表

棚卸集計表	担当者：佐藤明雄	確認① ㊞	確認② ㊞

平成×4年8月31日現在（作成日：平成×4年9月3日）

品　名	数　量	単　価（円）	金　額（円）
商品A　A-123	25	5,000	125,000
商品B　B-125	60	2,000	120,000
商品C　C-126	150	1,200	180,000
商品D　D-201	800	500	400,000
		合　計	825,000

上記①の棚卸原票の合計が集計されている

いわゆる実地棚卸高

③倉庫部で保管されている商品有高帳により、帳簿棚卸高を確認し、減耗損の計上を行う。

商 品 有 高 帳
先入先出法　　　　　　　　　　商 品 A

HX4年		摘要	受入高			払出高			残高		
月	日		数量	単価	金額	数量	単価	金額	数量	単価	金額
8	1	前月繰越	15	6,000	90,000				15	6,000	90,000
	7	仕入	15	6,000	90,000				30	6,000	180,000
	14	売上				20	6,000	120,000	10	6,000	60,000
	21	仕入	40	5,000	200,000				{10	6,000	60,000
									{40	5,000	200,000
	28	売上				{10	6,000	60,000			
						{10	5,000	50,000	30	5,000	150,000

商品Aの帳簿棚卸高は
30個×@5,000＝150,000円

上記②の棚卸集計表によれば、商品Aの実地棚卸高は、
25個×@5,000＝125,000円であるので、5個分が不一致。
よって、減耗損を5個×@5,000＝25,000円計上する。

●毎月の売上原価算定と在庫処理の仕訳

～商品Aの例～

8/1　　月初商品棚卸高　　　90,000　／　商　　　品　　　90,000
　　　　⇒月初の商品有高をBS（資産）からPL（売上原価）へ振替

8/31　　商　　　品　　　150,000　／　月末商品棚卸高　　150,000
　　　　⇒月末の商品有高をPL（売上原価）からBS（資産）へ振替

8/31　　棚 卸 減 耗 損　　25,000　／　商　　　品　　　25,000
　　　　⇒減耗分を、BS（資産）から減額し、PL（販売費および一般管理費）へ振替

3-1 経費とは

　企業は、収益を確保するため、また自らの活動を運営維持するために、さまざまな費用を支出します。

　費用のうち、販売をするための財やサービスを生み出すために直接要したものを売上原価、それ以外のものを販売費および一般管理費として損益計算書に区分表示されます。

　販売費とは、販売活動において直接要した費用をいい、販売促進費や広告宣伝費などが該当します。一般管理費とは、総務や企業全体を運営し管理するために要した費用をいい、間接部門（人事・経理・役員など）の人件費、間接部門が入居する事務所を運営するための費用、租税公課、会社全体の福利厚生費、その他諸費用などが該当します。

　「経費」とは、これら販売費及び一般管理費の俗称です。

　全体像としては**図表 3-1** のようになります。

吉田先生の実務コラム　　　**税務調査体験記―役員報酬**

　私は、ある企業で経理責任者を 7 年担当しました。
　その間に、「税務調査」を 3 回受けました。
　その経験から、税務署が問題とするのは、「役員」、「ゴルフ」、「ハワイ」でした。
　役員はその他の従業員とは異なり、たとえば役員報酬が「類似業種」の役員と比較してかなりの高額の場合は、費用として認めない、とか、出張したときの宿泊費に関しても詳細にチェックします。
　出張が海外だと、さらに細かく調べます。これは、調べられる側にも一端の責任があります。

●図表3-1

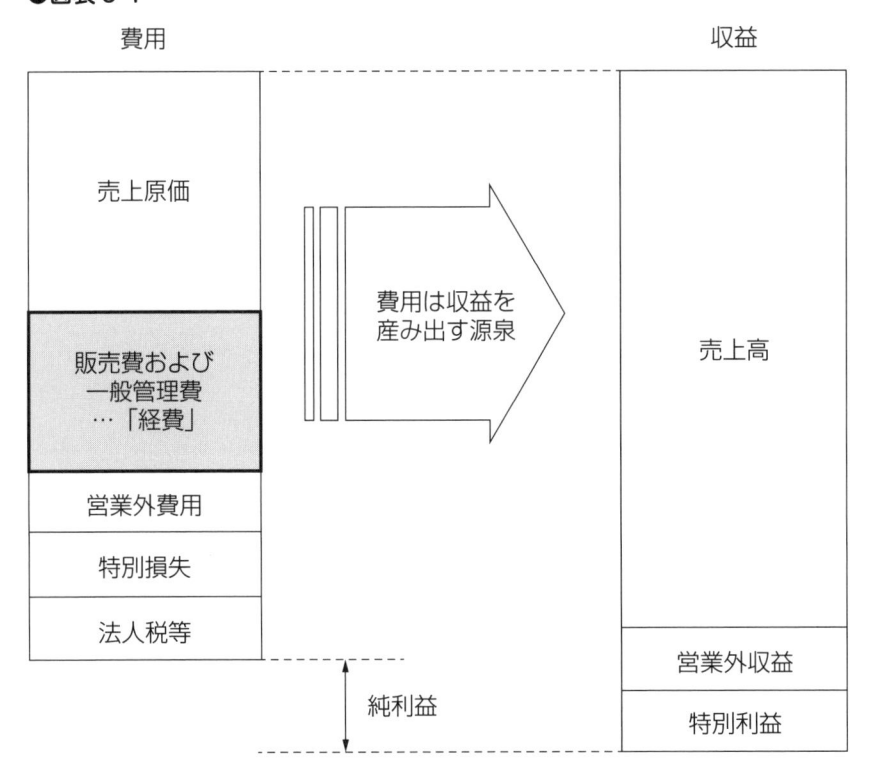

費用		収益
売上原価	費用は収益を産み出す源泉	売上高
販売費および一般管理費…「経費」		
営業外費用		
特別損失		営業外収益
法人税等		特別利益

純利益

3-2 経費と予算

　企業は、限られたお金をどの部門に集中して支出すればより多くの収益を獲得できるかを検討し、それぞれの経費の支出計画を立てます。

　各部門は、この計画（予算）に沿って、費用を支出します。

　経理部門は、毎月の決算業務を通じ、計画に対してどれだけの経費が発生しているのかを逐次把握し、役員や各部門に報告をすることで、業務の遂行状況をお金の面からチェックします。

　具体的には、たとえば毎月の予算と実績を**図表 3-2** のような形にまとめ、役員会あるいは各部門に報告します。

　当月分だけでなく、期首から当月までの累計、月別の推移、前年同月との比較など、多面的な分析を行えば、より有効な情報となります。

　ただこれらも、「どこの部署の」「どの点に」問題があるのか、できるだけ具体的に指摘し、対応策をとりやすくすることが本来の目的ですので、数字をたくさん並べればよいというものではありません。ポイントを絞り、的確かつ簡潔な内容にすべきです。

吉田先生の実務コラム

税務調査体験記―ゴルフ

　たとえば、とあるゴルフ場で、1日プレーしても、費用は一人当たり 5,000 円以下で済みます。そして、ご招待したお客様を約 6 時間程度「拘束」し、コミュニケーションをとれますから、たとえば料理屋で昼食をご馳走し、その費用が一人当たり 5,000 円以下だった場合と比較すると、ゴルフの方がはるかに接待の効果は期待できます。

　しかし、ゴルフの「ゴ」の字が付いたら、即座に交際費として処理するよう、規定されています。

● 図表 3-2

○年△月度　経費予実比較表　　　　（単位：千円）

	予算 a	実績 b	増減 b-a	備　　考 （注目ポイント例）
給料・手当				仕事の効率が悪く、残業が増えていないか？
…				
販売促進費				売上に直結する費用をきちんと支出しているか？
…				
消耗品費				ムダなものを購入していないか？
…				
合計				総売上高とのバランスは？

Point

　費用は社内全部門が使用し、かつ多岐にわたりますので、とりわけデータが集中する経理部門が中心となって発生状況をチェック・統制することが重要です。

3-3 経費の支払方法

経費は、現預金の出納という処理を通じて、会計情報として記録されます。一般的に社外への支払は、つぎの3つのパターンがあります。

【支払パターン1】

他部門からの依頼により、経理部門が小口現金や銀行振込によって社外に直接支払う

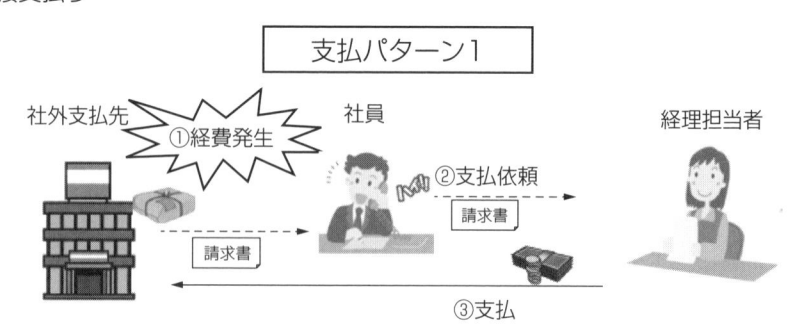

【支払パターン2】

一度社員が社外に立替払いをし、後日経理部門がその社員に支払をする

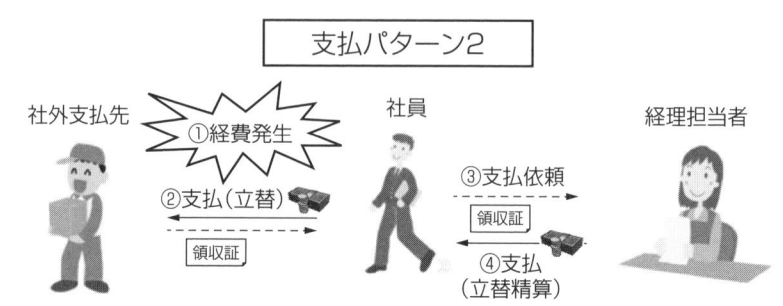

【支払パターン3】

あらかじめ会社が社員に概算金額を手渡しておき、社員が実際に使用したあとで、残金を会社に返却するか、また使用額が超過した場合は、不足額を会社が社員に支払う

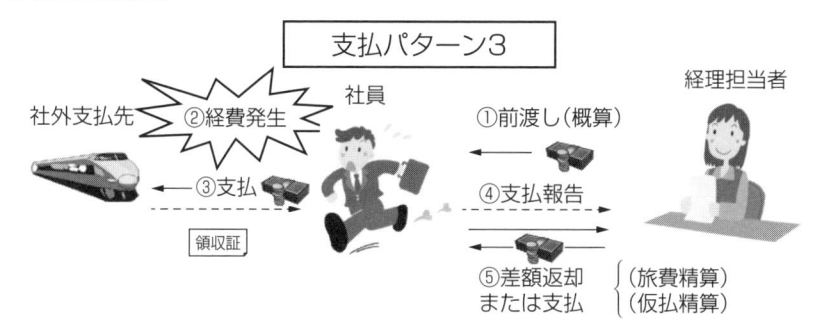

```
                    支払パターン3

社外支払先   ②経費発生    社員      ①前渡し（概算）   経理担当者
           ←③支払                  ④支払報告
           領収証                  ⑤差額返却    （旅費精算）
                                  または支払   （仮払精算）
```

この3つのパターンのうち基本的な方法はパターン1で、会社のお金が社外に出ていく前に社内のチェックがなされるという意味で、内部統制上もっとも好ましい手順です。

したがって、経費を支払う際はパターン1を原則とし、緊急または小口の支払い、社員の長期出張などで事前承認が困難な場合に限り、パターン2や3の運用を認めるという順序にすべきです。

そして、使用の範囲や限度額、精算方法など、客観的かつ公平な社内規則を決めておくことが肝要です。

経費の支払いにおいて共通する留意点は次のとおりです。

Point

①支払日時、支払先、内容、金額、処理科目などが明確にわかる様式を決め、社内処理はすべてその書類に基づいて行う。
②支払先からの請求書、社員が立て替えた場合は領収書などを添付する。
③支払依頼部署（または立替部署）の責任者、および経理部門責任者の承認を必ずとる。
④支払担当者は、これらの必要項目を確認したうえで支払、および経費処理を行う。

3-4 会計処理の留意点

経理担当者は、経費の支払とともに、会計情報を作成します（具体的には、伝票を起票）。その際、次の点に留意して適切な処理を行います。

❶ 正しい勘定科目を決める

経費の支払は日常的に行われ、個々の額は少ないものの、その種類は多岐にわたります。会計担当者は、それぞれの取引内容に応じて、適切な処理科目を即時に判断できる能力が求められます。

❷ 税務処理に留意する

会社は法律に基づき、さまざまな税金を納付する義務があります。税金の計算は年1回（法人税、消費税など）または複数回（源泉所得税：毎月）のものがありますが、日常処理の中できちんと対処しておけば、期末や申告納付時期における業務の負荷が軽減され、ミスも少なくなります。特に日常業務で考慮すべき主な税金はつぎの3つです。

- 法人税：全額費用（損金）処理ができるか。税理士と期中からコンタクトをとり相談する。
- 消費税：課税仕入か、非課税仕入か、日常的な判断は不可欠。
- 所得税：源泉の必要があるか？

● 図表 3-4

〈税法用語解説〉

●損金…税法上の「費用」です。「収益」と「益金」、「費用」と「損金」、「利益」と「所得」はほとんど同じ概念ですが、会計と税務で扱いが異なる処理もあります。

●課税仕入と非課税仕入…消費税上、企業会計でいう費用を、すべて仕入と表現します。費用の中で、消費税が掛かるものを課税仕入といいます。(例：商品仕入や、ほとんどの販管費（人件費以外）)
非課税仕入や不課税仕入はその反対で、消費税がかからない費用のことをいいます。(例：支払利息、保険料、社宅の家賃、法定福利費など)

●源泉徴収…所得の支払者（会社）が、その（給与）支払時に従業員の所得税を徴収して一時的に預かり、その後国に納付するというものです。

吉田先生の実務コラム

税務調査体験記—ハワイ

次に、「ハワイ」です。

会社が従業員（役員を除く）の福利のために支出する費用で、給料以外のものは、「福利厚生費」として処理をし、税法上も原則として費用（法人税法上は「損金」と規定されていますが）処理可能です。ただし、「全社員一律」が原則です。例外として、会社が利益を増大することを目的とし、特定の社員のスキルを高めるために、たとえば、セミナーに出席させ、その費用を会社が負担した場合は、全社員一律ではありませんが、会社の費用として認められ、本人にその金額の所得税はかかりません。

その「セミナー」が海外で行われ、長期・高額の場合には、本当に「スキルアップ」のためであった証拠のために、詳細な「レポート」を残しておく必要があります。ところが、その海外旅行先に「ハワイ」が含まれると、途端に、全額遊興費とみなされ、当該金額はその社員に対する臨時給与とされ、所得税が課されます。

3-5 主要な経費と会計処理（1）

❶ 給与関係の処理

　会社は、毎月役員や従業員に給与を支払います。給与に付随してさまざまな手当や控除金があり、それらを折込んだ金額が役員や従業員個人に支払われます。多くの会社では、人事部門がこれら個人別の支給額や控除金、手渡し額を計算し、それぞれの項目の合計値、および個人別の手渡し額を総括して経理部門に連絡します。

　経理部門は、このデータをもとに、個人への支払を行います。また、会計処理は総額でつぎのような仕訳を行います。

	（借方）			（貸方）	
1)	役 員 報 酬	×××	5)	普 通 預 金	×××
2)	給 料 手 当	×××	6)	預り金（源泉所得税等）	×××
3)	通 勤 費	×××	7)	預り金（社会保険料等）	×××
4)	仮 払 消 費 税	×××			

● 図表 3-5

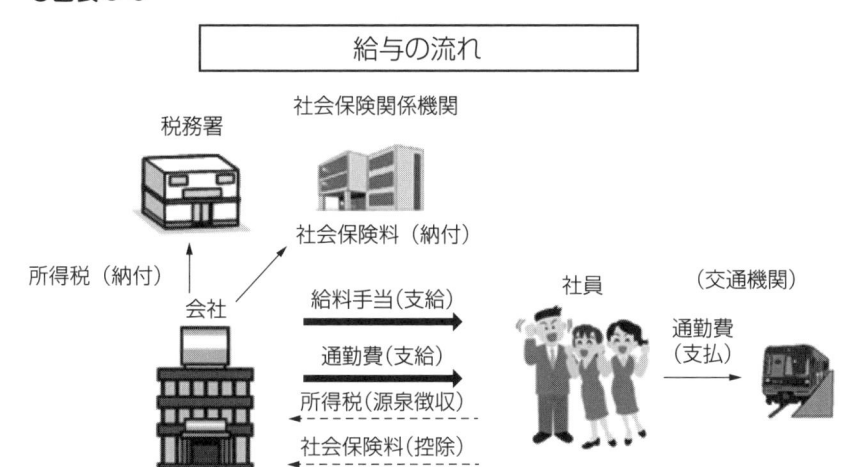

給与の流れ

- 税務署
- 社会保険関係機関
- 社会保険料（納付）
- 所得税（納付）
- 会社
- 給料手当（支給）
- 通勤費（支給）
- 所得税（源泉徴収）
- 社会保険料（控除）
- 社員
- （交通機関）
- 通勤費（支払）

3-6 主要な経費と会計処理（2）

❷ 旅費交通費

役員や従業員が出張にでた際に支出した旅費や交通費を処理する科目です。

- 旅費…会社の業務のために遠方へ出張した場合の経費
  現地までの電車賃、飛行機代のほか、現地での宿泊代や出張手当も含まれます。
- 交通費…業務のために交通機関等を利用して移動する際にかかる経費
  主に近距離移動のために使った電車、バス、タクシー等の実費をいいます。

　旅費や交通費に含まれる支出は、業務上必要とされるものに限られます。さらに、その支出額が、同業種・同規模の会社と比較して相当のものであり、かつ、従業員や役員とのバランスがとれていることが必要です。

　この範囲を超えて支出した場合、税法上「役員賞与」「給与手当」とみなされ、源泉徴収の必要がでてきます。これらの問題を回避するため、通常は「出張旅費規程」などといった名称で、企業ごとに宿泊費や日当に算出方法がルール化されています。

　出張旅費を精算する際に作成される「旅費精算書」の内容が、このルールどおりになっているかどうかが、経理の業務としての大きなチェックポイントになります。

　図表3-6に「旅費精算書」の具体例として、「出張報告書」「出張旅費明細書」のサンプルを掲げますのでご参照ください。

●図表3-6

出張報告書

提出日：20X2/8/25

所属部署	本社
役職（号棒）	社長
氏名	平山順治
出張先	仙台方面
出張期間	8/22～8/24
用務	定期訪問および商圏拡大

【内容報告】

8月22日
訪問先：株式会社北陸産業　坂上社長
打合内容：近況報告および新商品提案
8月23日
訪問先：秋田商業　小玉営業部長
打合内容：秋田市場について情報交換、新商品提案
8月24日
訪問先：株式会社盛田　盛田専務
打合内容：秋田市場について情報交換、新商品提案

出張旅費明細書

経理	所属長

提出日：20X2/8/25

所属部署	本社
役職（号棒）	社長
氏名	平山順治
出張先	仙台方面
出張期間	8/22～8/24
用務	定期訪問および商圏拡大

年 月 日	支払内容等	明細	交通費	宿泊費	日当	交際費	その他	小計
20X2 8 22	JR新幹線	横浜～仙台	14,390					14,390
22	手土産	駅売店				10,500		10,500
22	宿泊	仙台ケネディホテル		50,000				50,000
22	日当				15,000			15,000
22	JR新幹線	仙台～秋田	13,880					13,880
23	宿泊	秋田ケネディホテル		50,000				50,000
23	日当				15,000			15,000
24	JR新幹線	秋田～横浜	20,810					20,810
		小計	49,080	100,000	30,000	10,500		189,580
						仮払金		200,000
						差引		10,420

・実費精算するもの（手土産代など）は、原則領収証を添付します。
・宿泊費に関しては、宿泊した事実を示すもの（領収書）が必要です。（金額は問題になりません）
・交通費に関しては、領収書を入手できるもの（例：タクシー）は添付します。日当は領収書は不要です。

3-7 主要な経費と会計処理（3）

③ 交際費

　交際費は、得意先や取引先に対する接待や交際のために支払った費用を処理します。交際費は事業を運営していく上で必要な経費といえますが、企業は本来、製品の品質や価格によって競争すべきであって、得意先や仕入先をもてなしたり、贈り物をして売上や利益を増加させようとするのは好ましくありませんし、会社の資本の充実を阻害することにもなります。

　そこで、法人税法では「交際費等」は原則として経費と認めませんが、中小企業に対しては一定限度を設けて、それを超える部分を「税法上費用として認められない（損金不算入）」としています。

　会計上は費用ですが、税務上の費用とならない部分があり、税金の支払額に影響するため、税理士等と日頃から打合せすべき項目となります。

　法人税法での交際費等とは「得意先、仕入先その他事業に関係ある者等に対する接待、供応、慰安、贈答その他これらに関する行為のために支出する費用」としています。「その他事業に関係ある者」は社外だけでなく、役員、使用人、株主なども対象になります。

　なお、**図表 3-7-1** と **3-7-2** には、交際費と類似する科目との区分についてまとめてありますので、ご参照ください。

●図表 3-7-1　広告宣伝費との区分

交際費	多額のものを特定の顧客に提供した場合
広告宣伝費	カレンダー、手帳、手ぬぐい、その他の景品などを提供した場合

> **Point**
>
> 出費が不特定多数を相手としていれば、「広告宣伝費」として損金算入が原則認められます。

●図表 3-7-2　福利厚生費との区分

内容	福利厚費として認められる要件
慰安旅行費用	・旅行期間が4泊5日以内（海外旅行の場合は目的地の滞在日数による） ・参加する従業員が全体の50％以上であること ・会社の負担額が総額の半額を超えていること。
昼食代の補助	・食事代の50％以上を従業員が負担すること ・会社負担は月額3,500円以内であること
忘年会の費用	・従業員の慰安のために行われること ・社会通念上、認められる程度の費用であること ・全従業員（事業所単位でよい）を対象としていること
慶弔関係費用	・従業員や元従業員又はその親族などのお祝いや不幸などに際して、一定の基準に従って支給される金品に要する費用、たとえば、結婚祝、出産祝、香典、病気見舞などが福利厚生費に当たります。 ・取引先等、社外に支払った場合は交際費となります。
創立記念日、国民の祝日、新社屋の落成式などの費用	・社内において行われる通常の飲食に要する費用は、その飲食が従業員におおむね一律に供与されれば、福利厚生費に該当します。 ・ただし、創立記念日などに際し得意先を招待して行う宴会に、併せて従業員を参加させる場合には、その費用はすべて交際費等となります。従業員の分だけを交際費等から除くことはできません。

> **Point**
>
> 対象が従業員に対し社内で一律に供与されるものであれば、福利厚生費として損金算入が認められます。

3-8 資産計上の可能性がある経費

　お金を支出するなどしてモノを手に入れた場合、経費ではなく、資産に計上すべきものもありますので、注意が必要です。

　ここでは一例として消耗品費についてとりあげます。

　消耗品費は、使用することで消耗や摩耗したりする事務用消耗品や消耗工具器具備品などを処理します。

　法人税法上、これらの取得価額が10万円以上で、かつ1年以上使用するものであれば、「工具器具備品」（固定資産）に計上します。

　また、支払時に費用処理したものであっても、期末に未使用のものがあれば「貯蔵品」（棚卸資産）に振り替えます。「消耗品費」以外の科目も、考え方は同じです。（**図表 3-8** 参照）

　ただし、貯蔵品については、「各事業年度毎におおむね一定数量を取得し、かつ、経常的に消費するもの」の費用の額（製造費用に属するものは除く）を継続して取得した日の損金に計上した場合は、これを認めることとしています。

●図表3-8 「貯蔵品」に振り替える「消耗品費」以外の科目

勘定科目	具体例
荷造包装費	ガムテープ・ダンボール等
通信費	切手・ハガキ等
旅費交通費	バス回数券等
租税公課	収入印紙等
消耗品費	文房具等
広告宣伝用印刷物	チラシ・パンフレット等
その他	資産に計上すべきもの

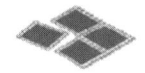

4-1 現預金に関する経理部門の役割

　会社における主要な経営資源は「ヒト・モノ・カネ（＋情報）」といわれます。その中でもカネ（現預金：キャッシュ）は、会社にとって最も重要な資源です。

　社外との取引は、最終的にすべてキャッシュを通して行われるため、利益がどれだけ出ていたとしても、現預金が手元になければ取引ができず、企業活動を継続することができないからです。

　会社における経理部門には、大きく3つの役割があります（**図表4-1**）。

> ①会社の業績や財産状況を適正に把握する役割…（会計業務）
> ②お金の管理と調達運用、資金繰りをする役割…（資金業務）
> ③予算を作り、業績をあるべき方向に導く役割…（計画業務）

　これらの機能は、いずれも「会社の業績や財産を正しくつかむ」ということが共通のベースとなります。規模の小さい会社では、これら3つのうち、複数の業務を1人の担当者が行う場合が多いのですが（お金の管理と会計など）、会社の規模が大きくなるにつれて、経理部門の中で別の人が担当するようになります。さらに規模が大きくなると、別の組織に分けるようになります。

　（①⇒経理部、②⇒財務部、③⇒企画部など）

第3章　派遣社員のための経理実務

● 図表 4-1　経理部門組織図（例）

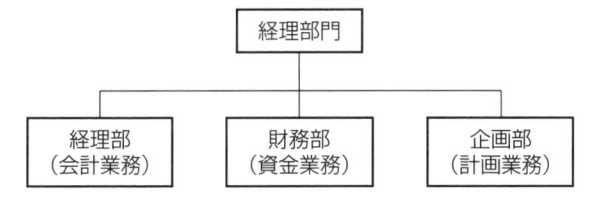

```
              経理部門
                │
    ┌───────────┼───────────┐
  経理部       財務部       企画部
（会計業務） （資金業務） （計画業務）
```

吉田先生の実務コラム

現金担当者の心構え①

　現金担当者の心構えの第一歩は、残念ですが「悪いことをしない」です。
　お金は人格を変えます。他人の監視（監査）を一度も受けず、自分一人で現金管理をすると、想定外のことが起こった時、悪に手を染めます。
　私は、24年勤めた会社で最後の7年間、経理を任されました。
　私が悪に染まらないように留意したことは、「悪いことは社長に報告する」でした。
　良いことは、報告しなくても会社が危機に陥ることはありません。
　ただ、「悪いこと」は、それを判断する者の地位や役職で、対処の仕方が変わります。
　経理部長は、経理部長として対処しようとします。しかし、社長は、社長として、もっと次元の高いところから対処します。

115

4-2 現金管理業務（1）

❶ 現金の種類

　現金は一般的に、買い物の代金の支払のために持っている通貨（紙幣・貨幣）のことを指します。簿記で取り扱う「現金」には、このほか「通貨代用証券」として、他人振出の小切手、送金小切手、送金為替手形、預金手形、郵便為替証書、振替貯金払出証書、期限の到来した公社債の利札など、金融機関などですぐに換金できるものも含まれます。
　この章では、一般的な通貨を対象とします。

❷ 現金の管理

　現金は、あらゆる取引の支払に誰でもすぐに使える便利な資産ですが、そのぶん取扱いには多くの危険が伴います。どこの会社でも、常時金庫に保管するなど、厳重に管理しています。また、入金や支払の際はきちんと帳簿に記録し、手元に残る現金の残高と帳簿の残高を常に一致させておかなければなりません。これは、経理の最も基本的な仕事ですし、また私たちが会社でよく目にし、比較的イメージしやすい仕事でしょう。
　日常小口の支払がよく発生する場合は、現金を持ち運びが便利な手提げ金庫に移し、「小口現金」として管理します。その際も、事故や処理ミスが起きないよう、社内できちんと取扱いのルールを決めて運用します。
　「小口現金」管理の具体例としては、**図表4-2**の「小口現金出納帳」を参照してください。

●図表4-2　小口現金出納帳

受入金額	平成年 月	平成年 日	摘要	支払金額	内訳 旅費交通費	内訳 荷造運賃	内訳 租税公課	内訳 諸口	残高
200,000	08	01	前月繰越						200,000
	08	01	出張精算（営業部坂元）	39,000	39,000				161,000
	08	08	収入印紙購入	100,000			100,000		61,000
	08	20	事務所電気代	16,000				16,000	45,000
	08	31	荷造運賃	25,000		25,000			20,000
			合計	180,000	39,000	25,000	100,000	16,000	
	08	31	小口現金戻入	20,000					0
200,000	08	31	小口現金補充	200,000					200,000
200,000	09	01	前月繰越						200,000

小口現金を受け入れたときには、日付、摘要、残高欄に記入します。
日　付　欄：入出金取引のあった日付を記入します。
摘　要　欄：取引の内容を簡潔に記入します。
内訳の費目欄：該当する箇所に記入します。
残　高　欄：取引後の残高を記入します。
※月末には支払金額と各内訳欄の合計を記入します。
※補給額が同日に行われたときには、その月に記入して、定額で締め切ります。

4-3 現金管理業務（2）

③ 会計処理

会計担当者は、毎日の出金伝票や入金伝票に基づいて、必要な仕訳を行います。小口現金を管理する部署が離れている場合など、出納部門より月1回報告される「小口現金出納帳」から仕訳をする場合もあります。（**図表4-3**を参照）

④ 現金過不足

日中の処理を終え、現金を締めた時に、計算上の残高（理論値）と実際の残高が一致しない場合がまれに発生します。これを現金過不足の発生と呼んでいます。

現金過不足が発生する原因として考えられるのは、
- 現金側：入出金時の数え間違い、紛失など
- 帳簿側：記入もれ、記入ミスなど

これらの発生を防ぐには、現金を2回数える、相手にも確かめてもらう、入出金のつど、伝票をすぐに起票する、などを習慣づけることが必要です。たとえば、祝い金や弔慰金、入院見舞金などは、通常領収書がありませんので、出金の記帳が漏れてしまうことがあります。現金の支払時に（後回しせずに！）、必ず出金伝票や証憑の替わりになるものを作成しておきます。

●図表 4-3　図表 4-2 の小口現金出納帳からの仕訳例

借　方	貸　方	摘　要
8/31 旅　費　交　通　費　　　37,143 仮　払　消　費　税　　　　1,857 荷　造　運　賃　　　　23,810 仮　払　消　費　税　　　　1,190 租　税　公　課　　　100,000 水　道　光　熱　費　　　15,239 仮　払　消　費　税　　　　　761 小　口　現　金　　　　20,000	小　口　現　金　　　200,000	（出金の内訳）
8/31 小　口　現　金　　　200,000	当　座　預　金　　　200,000	（補充額）

　　　　　　　　　　　　　　　　　　　　　　↑
　　　　　　　　　　　　　　　　　　月末に補充のパターン

吉田先生の実務コラム

現金担当者の心構え②

　私の「悪いことは必ず報告する」という態度が社長に理解され、報告がないのはいいことだと思っていただけるようになりました。
　しかし、それが私にとっては重荷です。監査や監督を一切してくれないからです。
　私が経理職を受け賜(たまわ)ったとき、自分が悪いことをしないだけではだめで、他人が自分のことを「あの人は悪いことをやっていない」と思ってくれるような行動をすべきだと、決めました。

4-4 預金

　企業取引における決済の大半は、銀行を通じたお金の受け渡しによって行われています。経理の仕事をするうえで、銀行での預金、振込みなど、銀行取引の内容を理解することが不可欠です。

　会社がよく利用するおもな預金の種類と特徴は**図表 4-4** のとおりです。
　図表 4-4 のうち、日々の入出金管理、特に支払業務にもっとも適しているのは当座預金です。ただ利便性が高い一方、口座開設にあたっては、信用できる会社かどうか、銀行側で審査が行われます。

吉田先生の実務コラム

現金担当者の心構え③

　そこで、競輪、麻雀、カラオケは全部やめました。(しんどかった)

　幸いにして、自分自身も家族も大病もせず、「想定外」のことが起きなかったので「悪い」ことをしないで、7年間、無事に経理職を務め上げました。

　決算時の内部監査もしてくれないので、決算日の現金を全部銀行に預け入れ、現金残高をゼロにしました。そうすれば、「一時流用していても」決算日には返却しているのが第三者からでもわかります。

　他の勘定科目（受取手形や不動産の権利証等）は、後日でも追跡調査が可能です。しかし、現金だけは、毎日第三者のチェックを受けないと、毎日残高があっていた証明はできません。

●図表 4-4

種類	特徴、用途など	利息
当座預金	・現金の出し入れが自由で、小切手や手形を振り出すことが可能である。 ・代金の支払という決済手段によく用いられる。 ・通帳が発行されないので、取引記録は銀行が発行する「当座預金照合表」等で確認する。	無利息
普通預金	・個人の普通預金と同じ。 ・ATM（現金自動預払機）による入出金や振込みができる。 ・当座預金と同様、支払や入金口座として使われる。	低
通知預金	・7日以上の預入れが必要。 ・預金を引き出すときは解約して一括で受け取る（解約は2日前に通知する）。 ・比較的短期（1月以内程度）に余剰資金ができる場合など、少しでも利息を稼ぐために利用される。	中
定期預金	・一定期間引出しをしない。 ・余剰資金を長期に運用するときなどに利用される。	高※

（預金利息には源泉税がかかります。）
※途中引出しをすると、普通預金の利息となります。

④-5 銀行振込

❶ 預金の残高管理

　銀行預金は入出金のつど、それぞれの口座に記録されます。会計担当者は、入出金の仕訳処理を行って自社の会計帳簿に記録し、口座残高と帳簿残高を日々照合しておく必要があります。取引の記録は、普通預金であれば通帳に、当座預金であれば銀行から発行される「当座預金照合表」で確認します。また、ファームバンキングやインターネットバンキング契約を結んでいれば、画面上で確認できます。期末日には、銀行から「残高証明書」を取り寄せて保管しておけば、決算書類の信頼性が増します。

❷ 会計処理

　仕入代金や経費などを支払う場合は、内容、金額、支払時期など事前に把握できるため、あらかじめ仕訳を準備しておくことが可能です。これに対し、自動引落しや入金の場合は受動的になるため、通帳に記帳された内容から類推する必要があり、処理に手間がかかります。そこで、発行した請求書や補助簿などを手元において参照しながら、正しい勘定科目に処理します。
　入金の際、振込手数料が差し引かれていると、請求金額と入金額が異なってきますので、注意が必要です。

● 図表 4-5　通帳の記載例

【普通預金入出金】

普通預金（USO銀行：渋谷駅前支店）

	年月日	記号	お支払金額	お預り金額	差引残高	備考
1	×1-06-30			繰越残高	*******2,000,000	
2	×1-07-01	払	*********500,000	ATMカード	*******1,500,000	
3	×1-07-01	振		トウキョウマート（カ *********1,500,000	*******3,000,000	
4	×1-07-02	振	***********1,552	TEL	*******2,998,448	
5	×1-07-02	振	**********50,000	テイキツミキン	*******2,948,448	
6	×1-07-02	他	タテンケン（7/5シキンカ）	**********1,299,475	*******4,247,923	
7	×1-07-03	ネ	***********3,865	Vaboo	*******4,244,058	
8	×1-07-04	振	***********7,782	トウヨウデンリョク	*******4,236,276	
9	×1-07-04	振	********1,855,000	ソウゴウフリコミ　6ケン	*******2,381,276	
10	×1-07-04	振	***********3,150	テスウリョウ　6ケン	*******2,378,126	

記号説明

預…現金入金	払…現金出金
当…当店払小切手類	ネ…ネット取引
他…他店払小切手類	
利…お利息	

吉田先生の実務コラム

現金担当者の心構え④

　皆さんが「現金」を扱う職務に就いた時には、是非、内部監査制度（大げさである必要はありません）をお作りになり、どなたかに報告し、監査を受けるようにしてください。

　そうしておけば、万一、皆さんが想定外の事象に遭遇しても、他人の金には手をつけないでいられると思います。

④-6 小切手

　小切手とは、振出人が支払人（金融機関）に、受取人その他正当な所持人へ支払うことを委託する支払委託証券です。商取引などで多額の現金を持ち歩くのが危険な場合に、この小切手を用いて支払を行うことが一般的です。

　小切手のメリットは、この盗難の危機を回避できるという点と、手形と違って3ヶ月先等の支払期日がないため、適時に資金化することができるという点です。

　また、振出日が将来の日付になっている小切手を振り出すこともできます。このような小切手を先日付小切手といいます。しかし、この場合振出日を将来の日付で書いてあったとしても所持人が金融機関に持ち込めば、金融機関はその支払を拒否することはできないので支払に応じることになります。その結果、小切手を振り出した会社は、先日付小切手を発行したのだから、まだ資金繰りに余裕があると思っていたところに金融機関から小切手の引き落としの連絡が入り、最悪の場合は不渡りを出してしまう可能性が発生します。

　先日付小切手を振り出す際は、相手に事情をよく説明し、記入してある振出日に金融機関への持ち込みを依頼することが重要です。

第3章 派遣社員のための経理実務

●図表4-6

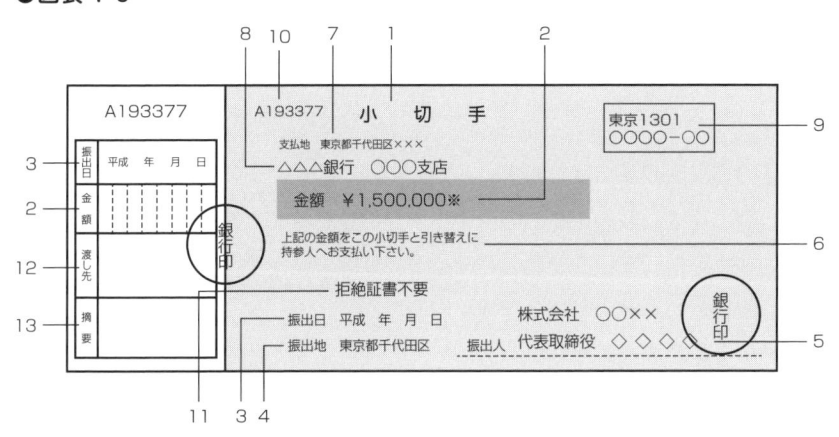

1. 小切手であることを示す文字	統一小切手用紙には、はじめから印刷されています。
2. 金額	チェックライターで刻印するか、漢数字で記載します。
3. 振出日	振出日を記載します。
4. 振出地	振出処理をした場所です。
5. 振出人	当座預金口座の名義とその銀行印です。
6. 支払委託文句	このメッセージは、持参人つまりこの小切手を金融機関に持ってきた人物に、現金を渡して下さいという委託文です。
7. 支払地	支払人の所在地です。
8. 支払人	小切手を振り出すための当座預金口座がある金融機関です。
9. 小切手整理番号	銀行で使用する項目です。
10. 小切手番号	何番の小切手をどの相手先に振り出したか把握できるように、振り出す際は小切手帳や仕訳伝票などにこの番号を記載します。
11. 拒絶証書不要	不渡の際、拒絶証書の作成は不要である、という文言です。
12. 渡し先	どこに渡したのか渡し先を記載します。
13. 摘要	「買掛金支払」など、何の目的のために振り出したのかを記載します。

125

4-7 資金繰り

　資金の残高は収入と支出により、常に変動します。是非注意しておかなければならない点は、収入と支出のタイミングのずれなどであっても、一時的にせよ残高が不足して支払ができなくなると、最悪の場合そのまま倒産に至ってしまう危険性があるということです。

　このような事態を招かないため、毎月の資金の収入と支出を把握し、必要な時に手当てできるよう調整することも、経理部門の大切な業務の一つです。この業務を「資金繰り」といいます。

　資金繰りは、現預金を中心に資金の動きを月次で読取る「資金繰り表」を作成して行います。資金繰り表は、通常3ヶ月くらい先までの収入、支出および残高を予測してまとめます。月中、特定の日に支払が集中する場合には、1日単位で見る「日繰り表」なども作成します。これらの管理表の様式は特に決まりはなく、自社の実状に合った形に区分・集計をします。

　簡単に言ってしまえば、翌月、翌々月などの預金通帳を予想で作成するようなものです。

　売上、仕入関連や給料のほか、大きな支払がある取引（税金や設備購入など）なども織込み、現預金の予想残高が不足しないよう、監視します。資金が不足するようであれば、短期運用資産の売却、新規借入や手形割引などの対策を講じます。一般的に、企業では20日前後に手形の決済や小口の支払、給与等の支払、月末近くには売掛金の回収や買掛金の支払等を計画するのがよく見られるケースです。

●図表 4-6　資金繰り表（サンプル）

(単位：千円)

資金繰予定表	9月予定 1日～10日	9月予定 11日～20日	9月予定 21日～25日	9月予定 26日～末日	10月予定 1日～10日	10月予定 11日～20日	10月予定 21日～25日	10月予定 26日～末日	11月予定 1日～10日	11月予定 11日～20日	11月予定 21日～25日	11月予定 26日～末日
開始残高（①）	25,000	26,650	19,350	11,035	26,985	27,935	24,535	16,820	24,770	23,920	19,320	12,005
【経常収支】												
入金												
売掛金回収	1,500		3,000	13,000	1,800		3,600	10,000			4,000	12,000
受取手形期日到来	1,000	1,500		5,000		3,500		4,000		3,000		3,000
その他収入												
収入小計（②）	2,500	1,500	3,000	18,000	1,800	3,500	3,600	14,000	0	3,000	4,000	15,000
出金												
現金支払	100	100		100	100	100		100	100	100		100
買掛金支払		4,200				3,200				3,500		
未払金支払		1,500				1,500				1,500		
支払手形決済		3,000				2,100				2,500		
事務所家賃支払			1,575				1,575				1,575	
給与支払			9,740				9,740				9,740	
源泉税等納付	750				750				750			
社会保険料引落				1,450				1,450				1,450
法人税・消費税納付								4,000				
その他支出												
支出小計（③）	850	8,800	11,315	1,550	850	6,900	11,315	5,550	850	7,600	11,315	1,550
【設備・資金調達関係】												
入金												
固定資産等売却												
借入金入金												
収入小計（④）	0	0	0	0	0	0	0	0	0	0	0	0
出金												
固定資産購入代金												
借入金返済				500				500				500
支出小計（⑤）	0	0	0	500	0	0	0	500	0	0	0	500
収支合計（⑥）（②－③＋④－⑤）	1,650	-7,300	-8,315	15,950	950	-3,400	-7,715	7,950	-850	-4,600	-7,315	12,950
予定残高（①＋⑥）	26,650	19,350	11,035	26,985	27,935	24,535	16,820	24,770	23,920	19,320	12,005	24,955

毎月この期間（21日～25日）に、資金繰り

これらの支払は、毎月定額で見込める

5-1 月次決算の概要

　貸借対照表や損益計算書などの決算書は、半年分や一年分の会計データである取引を仕訳し集計して作成します。これらの決算書は、会社法などの法律で、毎月作成することが義務づけられているわけではありません。しかし、企業をとりまく経済環境の変化の激しい現在では、常に新しい会計情報を把握することは、経営実行上欠かせないでしょう。

　また、決算期に1年間の取引をまとめることは、大変な作業量にもなり、大企業などでは事実上不可能です。そこで多くの企業では、月ごとに決算書を作成して、経営状況を迅速に把握しています。

　月次決算とは、迅速で正確な経営方針の決定・実行には欠くことのできないものです。

　一刻を争う現代の企業間の生き残り競争では、月次決算そのものの迅速化も非常に重要なものです。

　さらに、当然のことながら、毎月の月次決算の積み重ねが、中間決算と年次決算になりますので、月次決算書を毎月作成しておけば、中間決算や年次決算の処理の負荷を軽減させることができます。

　このように、月次決算を行うことは、経理実務の運用上、とても大切なことといえるでしょう。

第3章 派遣社員のための経理実務

●図表 5-1 貸借対照表と損益計算書の構成

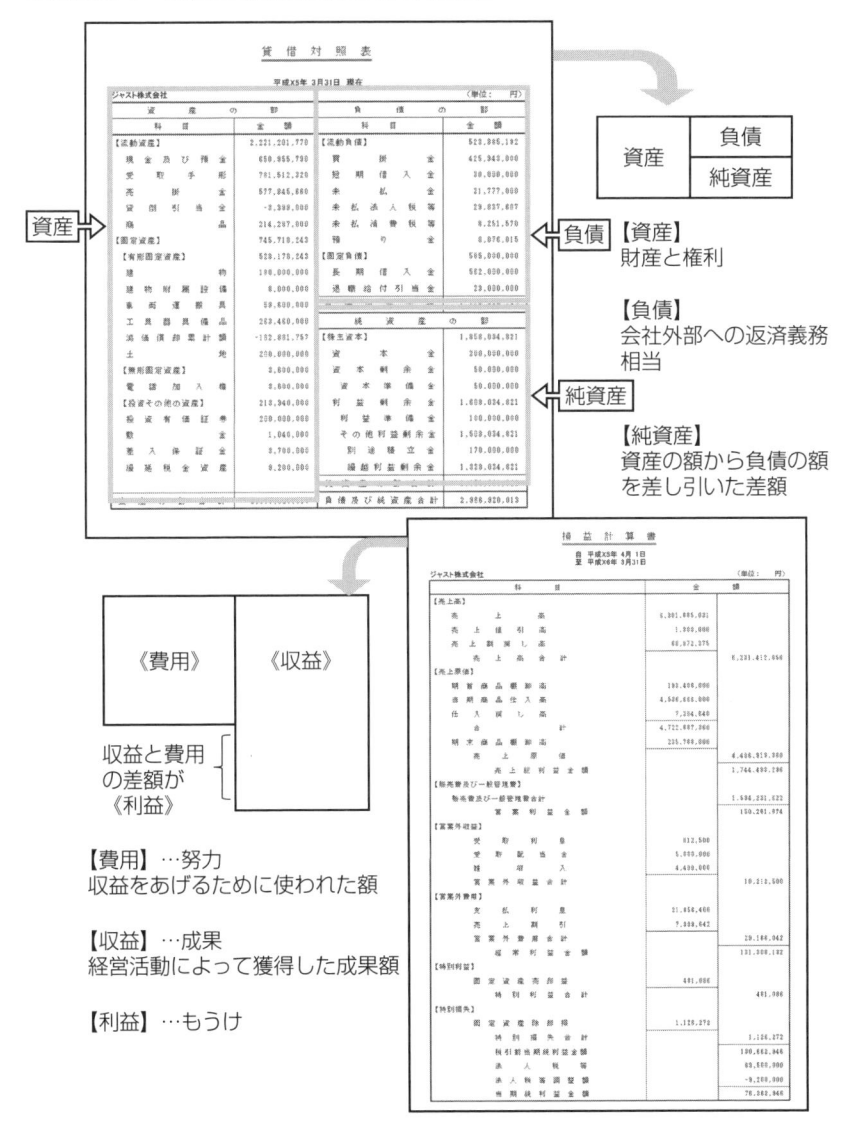

【資産】
財産と権利

【負債】
会社外部への返済義務相当

【純資産】
資産の額から負債の額を差し引いた差額

収益と費用の差額が《利益》

【費用】…努力
収益をあげるために使われた額

【収益】…成果
経営活動によって獲得した成果額

【利益】…もうけ

129

5-2 月次配賦処理

　決算整理事項は、通常決算期のみに計上されるため、決算月の会計情報に著しい変化を与えます。たとえば、減価償却費を決算項目として計上すると、決算月の費用が多大なものになります。（**図表 5-2-1**）

　そこで、この状況を回避するために、見込の減価償却数字を月次決算で計上します。
　通常の企業では、固定資産は頻繁に増減するものではありません。そこで、見込の数字として、直近の決算で算出された減価償却費の月割金額を使用する場合があります。
　図表 5-2-1 の例で、前年の減価償却額の月割額が「5」で、これにより月次決算に見込減価償却額を計上すると**図表 5-2-2** のようになります。

吉田先生の実務コラム

月次決算の意義（重要性）①

　日商簿記３級では第３問で「試算表」の作成が出題されますが、現在実務で「試算表」というときは、「月次決算」のことだと、思ってください。
　では、月次決算をなぜ行うかを説明します。
　ズバリ、企業が生き残るためです。
　生き残るために、企業は、通常、年次計画を月次ベースに分割し（これをブレークダウンといいます）、月次ベースで予算と実績とを対比し、実績が予算に及ばないときには、対策を検討し、実行します。
　その結果、対策が功を奏した企業が生き残り、失敗した企業が倒産します。

●図表 5-2-1

月次損益計算書

＊減価償却費を、決算時のみで計上している場合

項　目	10月	11月	12月	1月	2月	3月	計
売上	100	105	80	120	110	115	630
売上原価	80	90	65	100	95	100	530
売上総利益	20	15	15	20	15	15	100
減価償却費	0	0	0	0	0	30	30
その他販管	10	10	5	10	10	5	50
営業利益	10	5	10	10	5	−20	20

決算月に多大な影響

●図表 5-2-2

月次損益計算書

＊減価償却費を、月次決算で見込計上している場合

項　目	10月	11月	12月	1月	2月	3月	計
売上	100	105	80	120	110	115	630
売上原価	80	90	65	100	95	100	530
売上総利益	20	15	15	20	15	15	100
減価償却費	5	5	5	5	5	5	30
その他販管	10	10	5	10	10	5	50
営業利益	5	0	5	5	0	5	20

損益が平準化

5-3 勘定締処理

❶ 勘定締処理

　通常の企業の決算処理は、一期単位（一年単位）で行われますが、より即時的に経営内容を把握するため、月単位で決算処理を実行する企業も多く見受けられます。月次決算処理では、月末時点で各勘定をいったん締め切り、その内容を精査します。具体的には、勘定科目ごとに「勘定明細書」を作成して、項目別に検討します。

❷ 勘定明細書作成

　勘定明細書は、各勘定の項目別に残高の増減を記載した、総勘定元帳の明細書です。各勘定に転記された取引には、さまざまなものが混在しています。そこで、項目別に残高や金額の推移を集計して、内容の把握に使用します。（**図表 5-3** 参照）

●図表 5-3

第 X 期　X 月度　勘定明細表　　預り金
勘定科目：預り金

項　目	前月繰越	増　加	減　少	当月残高	備　考
源泉所得税預り金	300,000	450,000	300,000	450,000	当月給与＋夏季賞与
社会保険料預り金	250,000	330,000	250,000	330,000	同上
社員旅行預り金	20,000	5,000	0	25,000	月次積立分
その他	500	0	500	0	売掛不明入金分当月振替
計	570,500	785,000	550,500	805,000	

勘定明細書の作成方法として、よく見受けられるのが、月次の会計処理がすべて終了してから（勘定の残高が確定してから）、作成を開始するというやり方です。この方法ですと、月次処理作業中に勘定明細書を意識しなくてすむので、多くの企業で採用されています。しかし、月次決算が確定してからの明細書の作成ですと、もし伝票起票の誤り等を発見しても、翌月日付の修正になってしまいます。月次処理を確実なものにするためには、月次確定以前に勘定明細書を作成し、不明残高の解消に努めるべきでしょう。

吉田先生の実務コラム　月次決算の意義（重要性）②

　ある統計では、債務1千万円以上の企業の倒産は、平成25年中に約1万件でした。日本には企業が約300万社あります。その99.9％以上が中小企業です。

　その企業では、何とかしてよい業績を上げる、倒産を避ける、という目的のために、月次決算を行っています。極論ですが、年次決算は、幸いにして期中で倒産しなかった企業が、納税目的か株主への開示のために行うものであって、月次と年次のどちらが大切かというと、月次の方が大切だと、思ってください。

吉田先生の実務コラム　顧客志向①

　ある日、某大手スーパーにお客様が申し訳なさそうに「実は、お宅で購入した生卵の中に、1個だけ、ゆで卵が入っていたのですが」と申し出たそうです。

　ゆで卵の中に、生卵が混入することは、容易に想像できます。ただし、逆はありえない。ほとんどの方が、そう考えるはずです。

5-4 整合性確認処理

❶ 整合性確認処理

　勘定科目の月末残高や、勘定明細書中の項目残高の中には、外部の資料などで、残高を検証できるものがあります。たとえば、普通預金の残高は、預金通帳の月末金額と合致します。
　このような処理のことを、「整合性確認処理」と呼びます。

❷ 預貯金勘定の整合性確認

　預貯金勘定の残高は、上記のように預金通帳や、金融機関からの残高証明書などで、勘定の月末金額と照合することが可能です。当然残高は一致するはずですが、振込処理の時間差や、小切手の未落し等の発生によって、差額が生じる場合があります。このときには「銀行勘定調整表」を作成して、差額の理由を明確にする必要があります。(**図表 5-4** 参照)

❸ マイナス金額の発生による整合性確認

　通常の処理をしている限り、月末の勘定科目残高や勘定明細書項目残高は、勘定科目の性質に応じて、借方か貸方に残余します（資産・費用は借方、負債・純資産・収益は貸方）。
　しかし、場合によっては、マイナスの残高が発生することがあります。このときは、かならず内容を調査します。一般的に考えられる原因は、伝票起票時の計算間違い、勘定科目の取扱ミスなどが挙げられます。

●図表5-4　銀行勘定調整表

銀行勘定照合表	
当座預金勘定元帳残高：	
平成×1年3月31日	¥10,120,000.
未達小切手：　No.2347	¥1,500,000.
	¥11,620,000.
未経過手持ち受取小切手：	
No.9876	－¥620,000.
USO銀行残高：	
平成×1年3月31日	¥11,000,000.

吉田先生の実務コラム

顧客志向②

　ところがその大手スーパーは違いました。お客様が、わざわざ申し出てくれたのだから、本当に生卵の中に、ゆで卵があったに違いない。どのようにして、混入したのだろうと徹底的に調査しました。

　途中の経緯を述べると長くなるので省略しますが、その理由は、生卵洗浄機を、熱湯で洗浄する際に、生卵が、洗浄機の中に1個だけ挟まっていた、熱湯のシャワーの時間が約10分だから、7分間ゆでたのと同じくらいに、ゆで上がる、ということだったそうです。

　この話を聞いたとき、私は、この企業は、何があっても生き残る企業だと確信しました。

　「顧客志向」ということは、簡単に口にすることができます。ただ、それを徹底することは容易ではありません。皆さんが、収益を得るのは、お客様からです。くれぐれも顧客志向を忘れないでください。

5-5 月次試算表

❶ 月次試算表

　試算表とは、総勘定元帳の各勘定の合計額や残高から作成される集計表です。仕訳や転記に誤りがあった場合は、試算表の貸借が一致しなくなることがあるため、試算表の作成により、処理の検証をすることが可能になります。

❷ 月次推移試算表

　月次試算表を、月ごとに並べることで、経営の状況の把握がより確実なものになります。

　図表 5-5-1 の例は、損益計算書を月ごとに並べたもので、グラフを加えたことにより、視覚的に経営の状況把握が可能となっています。

❸ 部門別試算表

　月次試算表を、部門ごとに並べることで、部門別の営業状況の把握が可能になります。

　図表 5-5-2 の例は、損益計算書を部門ごとに並べたもので、グラフを加えたことにより、視覚的に各部門が全社利益にどれだけ貢献しているのか等の状況把握が可能となっています。

　部門別の資料を作成するためには、あらかじめ部門コードなどを設定しておいて、仕訳の起票の際には、そのコードを仕訳上に記載する作業が必要になります。部門別試算表を作成する際には、各勘定科目の金額を、部門コード別に集計して作表します。

第3章 派遣社員のための経理実務

● 図表 5-5-1 月次推移試算表

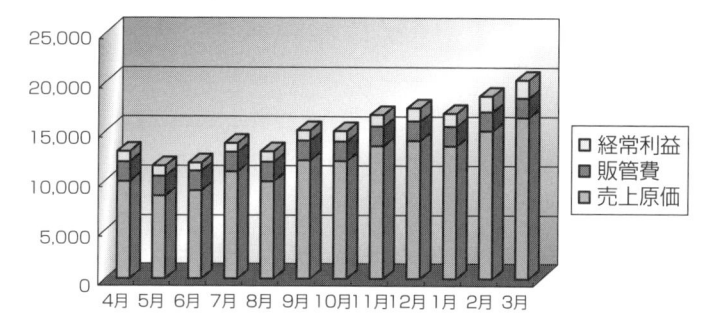

年月	4月	5月	6月	7月	8月	9月	10月	11月	12月	1月	2月	3月
売上原価	10,000	8,500	9,000	11,000	10,000	12,000	12,000	13,500	14,000	13,500	15,000	16,500
販管費	2,000	2,050	1,900	1,950	2,050	2,200	2,000	2,100	2,200	2,050	2,150	2,250
経常利益	1,000	1,100	900	800	900	1,000	1,200	1,150	1,200	1,300	1,500	1,400
売上高	13,000	11,650	11,800	13,750	12,950	15,200	15,200	16,750	17,400	16,850	18,650	20,150

● 図表 5-5-2 部門別試算表

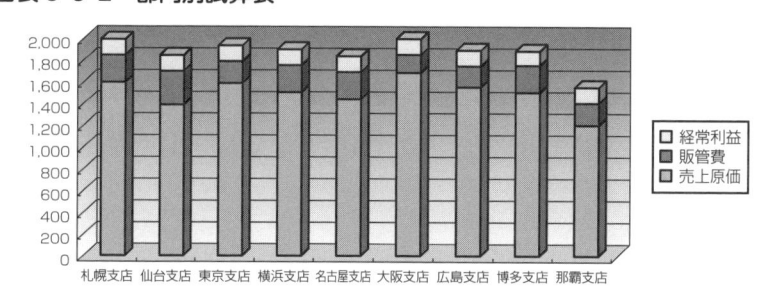

年月	札幌支店	仙台支店	東京支店	横浜支店	名古屋支店	大阪支店	広島支店	博多支店	那覇支店
売上原価	1,600	1,400	1,600	1,500	1,450	1,700	1,550	1,500	1,200
販管費	250	300	200	250	250	150	200	250	200
経常利益	140	150	145	135	145	150	140	135	160
売上高	1,990	1,850	1,945	1,885	1,845	2,000	1,890	1,885	1,560

雑談コーナー
簿記と経理実務

―― 第3章では、経理実務の初歩的なお仕事について理解できるようになりました。吉田先生は簿記と経理実務の違いをどのようにお考えですか。

　簿記は全体を俯瞰するマクロ的理論。実務は狭い範囲の深い処理。
　きちんとした理論と実践は両輪です。マクロ的理論がないと、自分が会計という世界のどのあたりを彷徨っているのかわからなくなります。また、ひたすら決算書を作成する、税務申告書を作成するという作業だけやっていると、だんだん経験の幅が狭まってきます。だから両方必要です。また、簿記などの理論ももちろんですが、マーケティングなどの経理以外の周辺知識についても吸収すると、知識も実務も深みが増してきますし、好奇心旺盛に、いろいろなことを学ぼうとする姿勢は、必要なことだと思いますね。

―― 簿記だけでも、実務だけでも片手落ちになってしまうんですね。では、簿記を勉強している人に向けて、実務につながる勉強の仕方のアドバイスをお願いします。

　「こう出題されたらこう解答する」という学習方法で合格した場合には、実務上全く役に立ちません。必ず簿記で遭遇する取引をとことんイメージしてから、学習しましょう。たとえば、モノを買うとき売るとき、どうなるのか。トラックが回収に来るのかな？在庫の置き場所はどうするの？発送費は誰が払うの？支払うときは小切手？それはいつ渡すのかな？などなど…というようなことをイメージしながら簿記の学習をすると、実務のときに意外と役に立つのです。是非やってみてください。
　遠回りに感じるかもしれませんが、必ず実務に役に立つときがきます。

—— 試験に合格するための暗記だけではダメなんですね…確かに、そうやって取引をイメージしながら勉強すると、簿記についても理解がしやすくなりそうです。

　そもそも、簿記は実務ありきで生まれたものですからね。企業会計原則にも、「企業会計原則は、企業会計の実務の中に慣習として発達したもののなかから、一般に公正妥当と認められたところを要約したものであって、必ずしも法令によって強制されないでも、すべての企業がその会計を処理するにあたって従わなければならない基準である。」と記載されています。つまり、実務が先にあったわけです。そういう意味では、実務をイメージできなければ、簿記ではないのです。

　—— **実務をイメージしながら勉強すれば、簿記にも合格しやすくなるし、実務にも役立つなんて、一石二鳥ですね。実務を始めてからも同じことが言えそうです。**

　そのとおり。「売掛金の仕訳をひたすら入力する」というデータ入力の仕事だったとしても、「どういうときにこういう処理をするのか」「なぜこういう処理をするのか」ということを理解しようとしながら経験を積んでいくと、そのあと、他の経験を積んでいくときに役に立ちますよ。一つひとつの貴重な経験を大切にして、経理の道を極めましょう。

おわりに

　現在、企業活動のグローバル化の進展など、企業会計を取り巻く環境が大きく変化していく中で、経理部の役割は高まる一方です。その変化に適応し、期待に応えながら活躍している、弊社の派遣社員が経験してきたノウハウを、全て本書に盛り込むつもりで執筆しました。

　そして、僭越ながら、「経理派遣社員が元気になれば企業も変わる」という想いが込められています。本書が経理派遣社員の歩む道を照らし、そこで働くすべての人が笑顔になることで、その企業にも元気になってもらいたいと強く願っています。

　読者のみなさんに本書を活用していただき、経理派遣社員としての職業の魅力と、そこで貢献し続ける喜びを知っていただけたら望外の喜びです。

　末筆ながら、本書の企画をご提案いただいた税務経理協会の日野西資延様、ジャスネットコミュニケーションズの派遣スタッフの皆様、メールマガジン「経理の薬」の読者の皆様、「経理実務の学校」の吉田隆先生に深く御礼を申し上げ、筆をおきたいと思います。

ジャスネットコミュニケーションズ株式会社
「派遣社員のための経理の教室」制作委員会
安島洋平　中村陽　山野由香利

著者紹介

ジャスネットコミュニケーションズ株式会社

1996年に公認会計士が設立。会計、税務、経理・財務に特化したプロフェッショナル・エージェンシー。

公認会計士、税理士、経理パーソンを中心とした、登録者一人ひとりのスキルやキャリアに応じて人材紹介・派遣サービス、実務教育サービス等を提供。

エージェント登録者数は業界トップクラスの2万人を超え、監査法人、税理士法人をはじめとする5千社を超える企業・事務所から支持を受けている。

教育サービス「経理実務の学校」http://edu.jusnet.co.jp/ では、「経理・財務サービススキルスタンダード」に準拠した講座やセミナーを提供。ビジネスパーソンを中心に支持され、受講者は業界、国を超えて広がり続けている。

講師 吉田先生の紹介

吉田　隆 (本名)

東京大学経済学部卒、産業能率短期大学情報処理コース卒、産業能率大学経営情報学部卒
山田新聞店、㈱国分寺ボウル、㈱紙叶、大口製本印刷㈱、㈱光洋製本所、ジャスネットコミュニケーションズ㈱
日商簿記1級合格
日商販売士1級合格
通産省第2種情報処理技術者試験合格
NSCA-CPT（スポーツのパーソナルトレーナー試験）合格（現在失効中）
プロボウラー試験不合格
トライアスロン、自転車ロードレース、フルマラソン、ハーフマラソン、
声楽（テノール）：過去リサイタル3回、平成27年に4回目を企画中

著者との契約により検印省略

平成27年4月10日　初版発行　　**派遣社員のための経理の教室**

著　者	ジャスネットコミュニケーションズ (株)
発行者	大　坪　嘉　春
印刷所	税経印刷株式会社
製本所	牧製本印刷株式会社

発行所　〒161-0033　東京都新宿区下落合2丁目5番13号

株式会社　税務経理協会

振替00190-2-187408
FAX（03）3565-3391
URL　http://www.zeikei.co.jp/
乱丁・落丁の場合はお取替えいたします。

電話（03）3953-3301（編集部）
　　（03）3953-3325（営業部）

Ⓒ　ジャスネットコミュニケーションズ(株) 2015　　　Printed in Japan

本書の無断複写は著作権法上での例外を除き禁じられています。複写される場合は、そのつど事前に、(社)出版者著作権管理機構（電話03-3513-6969, FAX03-3513-6979, e-mail：info@jcopy.or.jp）の許諾を得てください。

JCOPY ＜(社)出版者著作権管理機構 委託出版物＞

ISBN978－4－419－06216－3　C3034